城市道路

交通安全出行指南

刘晓晨　周志强　编著

人民交通出版社股份有限公司

北　京

内容提要

本书主要包括城市道路机动车通行规定、城市道路驾驶方法、城市交通场景潜在风险预判、恶劣天气城市道路安全驾驶、城市道路文明驾驶以及城市道路交通事故案例分析等内容。

本书适合城市机动车驾驶人安全教育使用。

图书在版编目（CIP）数据

城市道路交通安全出行指南 / 刘晓晨，周志强编著 .— 北京：人民交通出版社股份有限公司，2019.6

ISBN 978-7-114-15276-4

Ⅰ.①城… Ⅱ.①刘… ②周… Ⅲ.①城市道路—交通安全教育 Ⅳ.① U492.8

中国版本图书馆 CIP 数据核字 (2018) 第 297466 号

Chengshi Daolu Jiaotong Anquan Chuxing Zhinan

书　　名：城市道路交通安全出行指南
著 作 者：刘晓晨　周志强
责任编辑：刘　博
责任校对：张　贺　宋佳时
责任印制：张　凯
出版发行：人民交通出版社股份有限公司
地　　址：(100011) 北京市朝阳区安定门外外馆斜街 3 号
网　　址：http://www.ccpress.com.cn
销售电话：(010)65290014
总 经 销：人民交通出版社股份有限公司
经　　销：各地新华书店
印　　刷：北京虎彩文化传播有限公司
开　　本：720×960　1/16
印　　张：9
字　　数：150 千
版　　次：2019 年 6 月　第 1 版
印　　次：2019 年 6 月　第 1 次印刷
书　　号：ISBN 978-7-114-15276-4
定　　价：39.00 元

前言

当前，我国正处于城镇化进程高速发展的时期，大城市与特大城市继续改造与扩张，中小城镇建设突飞猛进。国家统计局最新发布的数据显示，2018 年末，我国城镇常住人口 83137 万人，比上年末增加 1790 万人；国务院总理李克强在 2018 年第十三届全国人民代表大会第一次会议上作《政府工作报告》时指出，五年来，城镇化率从 52.6% 提高到 58.5%，8000 多万农业转移人口成为城镇居民。随着城市的快速发展，机动车数量和驾驶人保有量也呈现井喷式增长，城市交通拥堵情况日趋严重，交通违法和交通事故大量增多，严重制约了城市居民的生产生活，甚至影响了人民群众的生命和财产安全。

针对当前我国城市道路交通存在的拥堵、违法和事故等问题，公安部道路交通安全研究中心组织开展我国当前城市交通现状和存在问题调研，在分析我国城市机动车驾驶人群体特征和教育需求的基础上，提出了适合我国城市机动车驾驶人特点和符合我国社会经济发展趋势的驾驶人教育内容，编写了《城市道路交通安全出行指南》。

本书分为六章，在总结我国城市道路交通现状的基础上，详细介绍了城市道路通行规则，针对性地提出了城市道路安全驾驶方法，重点分析了城市交通场景潜在风险及预判方法；同时，给出了驾驶人在城市道路上安全文明驾驶、城市快速路安全驾驶、应急处置等相关知识；最后从城市道路典型交通事故案例入手，分析交通违法行为带来的严重危害。

本书编写过程中，柴蕊、赵立波、于鹏程、王秋鸿、牛清宁做了大量的工作，在此一并表示衷心的感谢。由于时间仓促，编者水平有限，书中不妥之处在所难免，恳请各位读者不吝赐教！

编　者

2019 年 6 月

目录

绪论 …… 1

第一章　城市道路机动车通行规定 …… 7

第一节　城市道路机动车基本通行规则 …… 7
第二节　城市道路驾驶易混淆的交通信号 …… 10
第三节　城市道路驾驶限速规定 …… 22

第二章　城市道路驾驶方法 …… 27

第一节　城市道路驾驶出行规划 …… 27
第二节　城市道路驾驶会车方法 …… 38
第三节　城市道路驾驶超车、让超车方法 …… 41
第四节　城市道路驾驶跟车方法 …… 43
第五节　城市道路驾驶转弯方法 …… 46
第六节　城市道路驾驶掉头方法 …… 49
第七节　城市道路驾驶倒车方法 …… 50

第三章　城市交通场景潜在风险预判 …… 53

第一节　城市路口驾驶潜在风险 …… 53

第二节 城市路段驾驶潜在风险…… 61
第三节 城市道路特殊地段驾驶潜在风险 …… 67
第四节 城市道路停车潜在风险 …… 73

第四章 恶劣天气城市道路安全驾驶…… 79

第一节 雨天城市道路安全驾驶…… 79
第二节 雪天城市道路安全驾驶…… 83
第三节 雾天城市道路安全驾驶 …… 86
第四节 风沙天城市道路安全驾驶…… 88

第五章 城市道路文明驾驶…… 91

第一节 城市道路驾驶文明让行…… 91
第二节 城市道路驾驶文明使用灯光…… 97
第三节 城市道路驾驶其他文明注意事项……103

第六章 城市道路交通事故案例分析……112

第一节 城市道路饮酒驾驶引发的交通事故……112
第二节 城市道路超速驾驶引发的交通事故……116
第三节 城市道路驾驶违反交通信号灯引发的交通事故……121
第四节 城市道路疲劳驾驶引发的交通事故……124
第五节 城市道路分心驾驶引发的交通事故……126
第六节 城市道路愤怒驾驶引发的交通事故……128
第七节 城市道路驾驶占用应急车道引发的交通事故……132
第八节 城市道路驾驶逆行引发的交通事故……135

参考文献……138

绪论

城市道路交通拥堵、交通事故、交通污染等是关系群众切身利益的重大民生问题，也是各国城市发展普遍遇到的难题。机动车作为城市交通的主要载体，对于缓解城市交通压力起着至关重要的作用。机动车驾驶人应在了解城市交通出行特点的基础上，培养安全文明的出行意识，重塑和谐的人车关系，从而有效缓解城市交通拥堵。通过本指南的学习，驾驶人将了解城市道路的机动车通行规定、驾驶方法、特定交通场景的风险预判、恶劣天气下的安全驾驶方法以及文明驾驶的相关要求；并结合特定的案例，让驾驶人了解如何在城市中安全驾驶文明出行。

一、城市机动车通行现状分析

城市交通是城市品位和文明程度的直接反映，是城市精神文明建设的重要内容之一。目前，我国正处于城市化进程高速发展时期，大城市与特大城市不断涌现，中小城镇建设也突飞猛进。城市的快速扩张在交通领域体现在驾驶人数量增长、机动车数量增加、人均道路里程增长等，这些变化在给人民带来便利的同时，也带来了一些负面的影响，如城市交通拥堵、城市出行安全隐患、城市环境污染等问题，具体表现为以下几方面：

（1）城市交通拥堵情况日益严重。近年来，我国机动车保有量和驾驶人数量呈井喷式增长，来自公安部交通管理局的数据显示，截至 2018 年底，我国机动车保有量达 3.27 亿辆，机动车驾驶人数量达 4.09 亿人。车辆和驾驶人的持续增加对现代城市交通管理提出了挑战，交通事故的多发和通行效率的降低给广大市民出行带来了极大的不便。以交通拥堵为例，交通拥堵问题首先出现在几个特大城市——如北京、上海、广州、成都等，特大城市往往中心城区公共资源高度集中，就业岗位密度大，周边新城及大型居住区域缺乏就业岗位、缺乏生活配套设施和公共设施，导致人口与就业分布失衡，加剧了交通拥堵情况。但是，近年来随着其他中小城市的发展，交通拥堵问题已经在短短几年间迅速蔓延至百万人口以上的大城市，甚至一些中小城市也出现了严重的交通拥堵问题，且呈现愈演愈烈之势。

城市交通拥堵不仅影响人们正常的工作和生活，给出行者个人和群体增加了出行时间成本，降低了工作效率，还极易使人们在等待的过程中产生焦急、烦躁的心理，严重的交通拥堵可造成驾驶人和乘客烦躁不安和心理失衡，导致交通事故的发生或加重事故后果。甚至被认为城市交通拥堵已经在一定程度上影响了我国的经济发展。为缓解城市拥堵情况，北京、上海、广州等特大城市率先开始通过鼓励绿色出行、增加机动车使用成本、机动车号牌摇号等多种方式，限制机动车增长，降低机动车使用强度，以期缓解道路交通拥堵状况。

（2）城市道路交通事故日渐增多。统计数据表明，道路交通事故是城市居民人身受到伤害、致死的主要原因之一。来自公安部交通管理局的数据显示，2017 年，我国在城市道路发生交通事故 97476 起，占总交通事故起数的 47%，如图 0–1 所示。

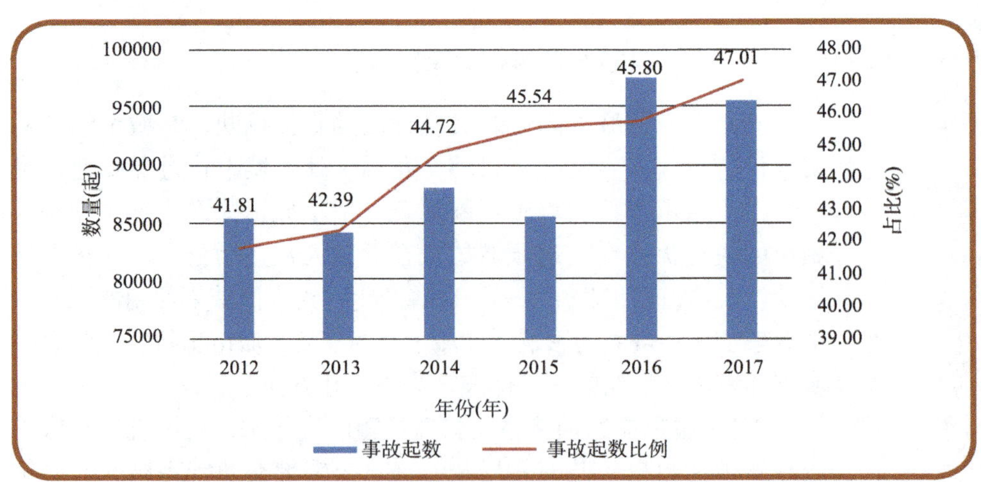

图 0–1　2012—2017 年我国城市道路交通事故数量统计

2017 年，我国发生的道路交通事故中城市交通事故导致 21040 人死亡，人数占交通事故致人死亡和受伤总数的 32.99%。2012—2017 年五年来，城市道路交通事故导致的死亡人数占交通事故总死亡人数比例平均每年上升 1%，如图 0–2 所示。

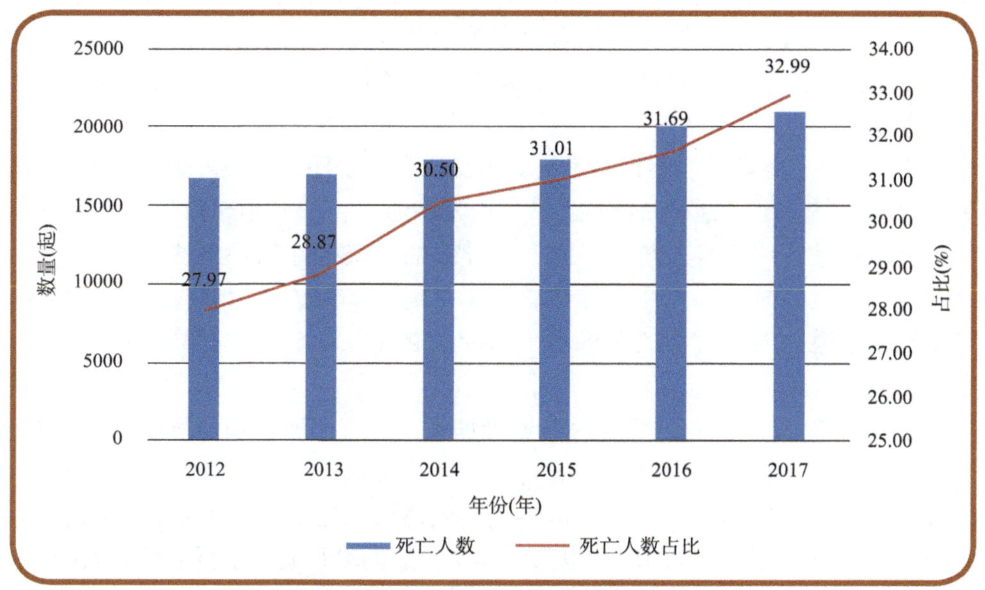

图 0–2　2012—2017 年我国城市道路交通事故死亡人数统计

从发生致人死亡交通事故的道路类型来看，绝大部分交通事故发生在一般城市道路上，9% 的交通事故发生在城市快速路上，如图 0–3 所示。

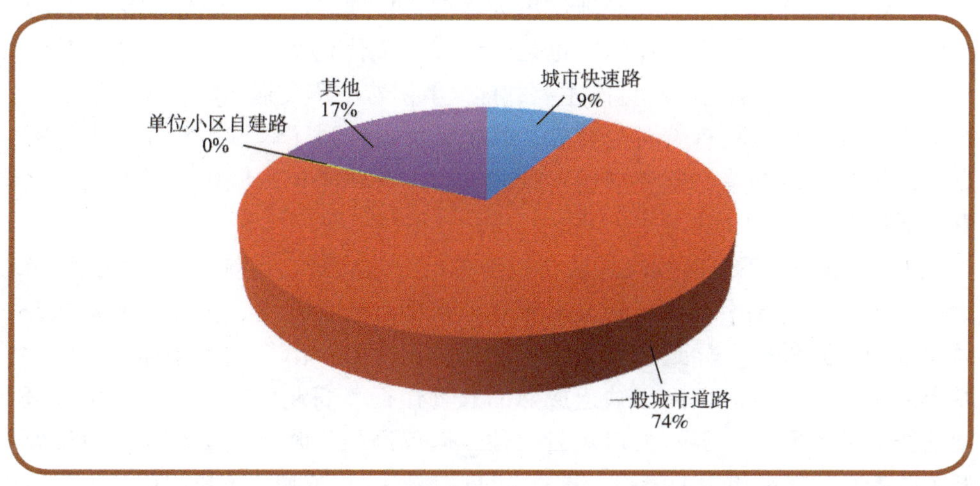

图 0–3　2017 年城市道路致人死亡事故道路类型

（3）城市停车难问题日益突出。随着城市私家车保有量的持续上升，城市“停车难、停车乱”等问题日益突出。城市停车问题产生与恶化的原因主要有以下几点：①由于城市建设缺乏前期科学规划，导致部分城市中心繁华路段（如商场、学校、医院和景区等）无处停车，进而造成在这一路段乱停车、无处停车。②由于部分居民区没有合理配套产权停车位和租赁停车位，导致居民无法停车。③部分机动车和非机动车驾驶人乱停车，加剧了停车难问题的产生。

“停车难、停车乱”不仅会影响城市交通管理秩序，也会影响市容市貌，更会影响动态交通，加重交通拥堵，甚至引发纠纷。近年来，由于停车私占车位、堵占道路引发的纠纷日益增多，因停车导致的治安事件和暴力冲突事件也时有发生，甚至有时乱停车还会导致救护车、消防车无法快速通过，机动车占用非机动车道、人行道导致非机动车和行人混入机动车流，都给道路交通安全埋下了隐患。

（4）城市交通导致的环境污染逐渐加重。城市交通运输的发展促进了城市的发展，但是在方便人们出行的同时对环境带来了严重的危害。伴随着我国机动车保有量的迅速增加，汽车尾气排放污染问题越来越严重，造成了严重的空气污染，雾霾天气的出现也与机动车排放的增加有关。行业研究表明，我国的机动车尾气排放已经成为城市大气污染的主要来源之一。此外机动车带来的噪声问题和光污染也逐渐引起了人们的注意。

二、城市机动车出行特点分析

交通在城市发展中的战略地位极为重要，便捷、高效、畅通的交通系统是城市可持续发展的重要保障，也是衡量城市现代化水平的重要标志，其中机动车是城市道路载客、载货的主要载体，承担着城市交通运输的重要职责。城市道路机动车驾驶有着自身特点，驾驶人可以通过了解城市机动车出行特点，来规避交通拥堵，避免交通事故的发生。总体来说，城市机动车出行具有以下特点：

（1）早晚上下班时间段是城市机动车出行的高峰。目前，我国特大城市大多采用传统的单中心圈层式发展模式，市中心人口密集、土地资源紧张，居住空间不断外延，导致市民的交通出行时间变长，出行成本增加。一些大城市周边的大型社区，由于缺乏成熟的衣食住行、商业休闲、教育娱乐等区域功能的城市配套，虽然人口大量入住，但仅局限于晚上回家睡觉，白天要开车或者乘车赶往市中心上班，被称为“睡城”，到了晚上下班时间，人流、车流又集中从市内赶往郊区，这就是所谓的“职住分离”现象。统计数据表明，部分城市中心区路网高峰时段平均负荷度已达到80%~90%，平均车速15~20km/h；公交高峰时段待车时间长，行驶缓慢，运营车速10~15km/h，大大低于驾驶人、乘客可容忍的16km/h的最低车速。虽然一些城市通过政策导向将一些大型企业向周边区域迁移，通过设立经济开发区、建立卫星城等方式促进市民在居住地附近就业，同时提升配套公共服务，从而缓解中心城区的客运压力，但是仍然不能缓解城市上下班高峰时间段机动车出行呈现的波峰趋势。2015年城市客运系统客运量构成如图0-4所示。

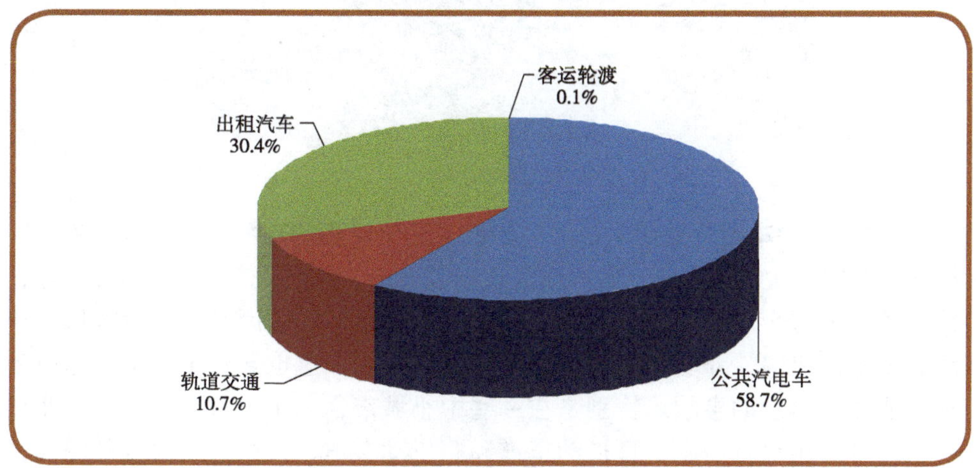

图0-4　2015年城市客运系统客运量构成

（2）特殊路段对城市道路驾驶机动车产生较大影响。城市作为一个综合体，集商业零售、商务办公、酒店餐饮、公寓住宅、综合娱乐和公共服务六大功能于一体，城市功能区的聚集导致商场、写字楼、居民区、游乐场和医院等附近都容易发生交通拥堵，公交车站、地铁站附近人流、车流较多，此外一些老城中心城区还有许多胡同窄巷，这都增大了驾驶机动车通行的难度。

（3）特大城市立交桥、环线、城市快速路较多。为了提高市内交通空间利用率，许多城市通过建立立交桥的方式实现立体交通；随着特大城市不断从中心区域向周边区域辐射，为了缩短市民的通勤时间，一些城市修建了城市环线和快速路。不可否认的是，城市立交桥、环线和城市快速路的出现在一定程度上解决了城市道路通行拥堵等问题，但是立交桥、环线和城市快速路的出入口都极易成为交通拥堵点和交通事故多发点，因此，城市驾驶人行经此处要格外注意道路交通情况，避免交通事故的发生。图 0–5 所示为城市道路立交桥。

图 0–5　城市道路立交桥

（4）机动车出行受到非机动车和行人的不良影响现象突出。近年来，非机动车交通违法行为增多，如占用机动车道通行、逆行、违反交通信号灯等，给机动车出行带来了巨大的隐患。尤其是电动三轮车，因其使用成本低、违法成本低，快递、外卖等服务行业人员多有使用，这也导致了大量因非机动车交通违法引发的事故。特别是在一些中小城市，由于出行距离较近，非机动车即可满足出行需求，且机动车道和非机动车道、人行道间缺少硬隔离，交通设施不完善，造成机动车与非机动车、行人混行，从而引发交通事故。

第一章　城市道路机动车通行规定

随着中国城镇化、机动化进程不断加快，以交通拥堵为代表的城市交通问题普遍成为困扰各大城市的难题。究其深层次原因，除城市人口急剧膨胀、城市整体规划不合理因素的影响外，很大程度上是因为驾驶人没有遵循最基本的通行规定，导致轻微交通事故的发生，进而影响通行效率，造成交通拥堵。本章内容旨在帮助驾驶人回顾并进一步掌握城市机动车通行规定，提高驾驶人在城市中遵纪守法的出行意识。

第一节　城市道路机动车基本通行规则

在我国，驾驶机动车应遵循右侧通行的规则，无论是机动车驾驶人、非机动车骑行人还是行人都应该遵循这一基本通行规则。在右侧通行的基础上，交通参与者还应当各行其道、快慢分离，尤其在人流、车流较多的城市道路上，作为机动车驾驶人更应遵纪守法，安全通行，遵守城市道路机动车基本通行规则。

一、右侧通行

跟我来学《中华人民共和国道路交通安全法》

第三十五条　机动车、非机动车实行右侧通行。

我国实行“右侧通行”的规则（图 1–1）。道路上划设有中心线的，以中心线为界，不划设中心线的，以几何中心为界，驾驶人右手一侧的道路即为右侧道路，除了有特殊规定的车辆外，一律靠右侧道路行驶。

图 1–1　右侧通行规则

右侧通行明确了通行秩序，避免了通行混乱导致的交通事故。在没有法律特别规定的条件下，违反右侧通行的规则便构成逆向行驶，容易发生交通事故，属于严重的交通违法行为。

规定车辆右行或左行是一个国家道路交通法规必须首先规定的最基本的问题。规定靠左或靠右行驶，除了特定国家的驾驶习惯外，主要取决于汽车的转向盘和驾驶人的座位在哪边。一般情况下，靠右行驶的车辆，转向盘装在车的左侧；靠左行驶的车辆，转向盘装在右侧。目前我国制造的汽车，无论大型车还是小型车，转向盘均在左侧。这是按我国靠右侧通行的行走习惯而设计制造的。这种设计既方便驾驶，又有利于驾驶人在视线域内准确掌握与交会车的横向间距。除我国之外，美国、俄罗斯、加拿大、古巴、巴西、德国、希腊、墨西哥和摩洛哥等国家均规定了靠右行驶。

二、各行其道

跟我来学《中华人民共和国道路交通安全法》

第三十六条　根据道路条件和通行需要，道路划分为机动车道、非机动车道和人行道的，机动车、非机动车、行人实行分道通行。没有划分机动车道、非机动车道和人行道的，机动车在道路中间通行，非机动车和行人在道路两侧通行。

沿道路中心线从左至右，道路空间划分为机动车道、非机动车道和人行道，机动车、非机动车和行人实行分道行驶，如图 1–2 所示。

在没有划分车道的道路上，机动车在道路中间通行，如图 1–3 所示。

机动车需要出入路边建筑物或路侧停车泊位时需要临时借用非机动车道、人行道的，可在不影响行人和非机动车安全通行情况下穿越。机动车道上指定车辆类型时，车辆要按照规定的车型选择对应车道行驶，其他车辆不得占用通行。特别是标有公交专用道的，社会车辆严禁占用，如图 1–4、图 1–5 所示。

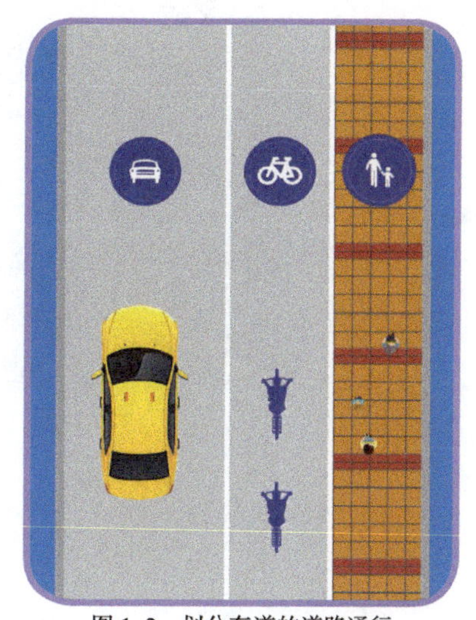

图 1–2　划分车道的道路通行

图 1–3　未划分车道的道路通行

图 1–4　公交车道交通标志

图 1-5 公交车道交通标线

三、快慢分离

跟我来学《中华人民共和国道路交通安全法实施条例》

第四十四条 在道路同方向划有2条以上机动车道的，左侧为快速车道，右侧为慢速车道。在快速车道行驶的机动车应当按照快速车道规定的速度行驶，未达到快速车道规定的行驶速度的，应当在慢速车道行驶。摩托车应当在最右侧车道行驶。有交通标志标明行驶速度的，按照标明的行驶速度行驶。慢速车道内的机动车超越前车时，可以借用快速车道行驶。

在道路同方向划有2条以上机动车道的，变更车道的机动车不得影响相关车道内行驶的机动车的正常行驶。

快慢分离原则不仅要求不同行驶速度的机动车应分离，机动车和非机动车、行人也应该相互分离。这一原则避免了不同行驶速度的机动车混行，规范了交通秩序，提高了道路通行效率。

第二节 城市道路驾驶易混淆的交通信号

道路交通信号分为交通信号灯、交通标志、交通标线和交通警察指挥手势。交通信号的设置是经过严格论证的，机动车在道路行驶时，应当按照交通信号的规定行驶，否则不仅会受到相应的处罚，更会给自己和他人的生命安全带来危害。

一、城市道路驾驶易混淆的交通信号灯

机动车驾驶人在城市道路常见的交通信号灯包括：机动车信号灯、车道信号灯、方向指示信号灯和闪光警告信号灯。交通信号灯的作用在于，把不同方向的交通参与者从时间和空间上隔开，先后通行，避免相互干扰，减少冲突点和交织点，保障道路的安全通畅。城市道路交通通行复杂，驾驶人只有熟练掌握、正确理解交通信号灯的含义，才能准确进行判断，保证道路通行的安全、有序、畅通。

（一）机动车信号灯

一般人都知道“红灯停，绿灯行”，需要注意的是，绿灯亮时，转弯的车辆不得妨碍被放行的直行车辆、行人通行；黄灯亮时（图 1–6），已越过停止线的车辆可以继续通行；红灯亮时，右转弯的车辆在不妨碍被放行的车辆、行人通行的情况下，可以通行。

图 1–6　黄色信号灯

（二）车道信号灯

车道信号灯是科学组织和疏导交通、高效地利用道路交通资源的一种技术措施，一般设置在多车道道路和繁华路段。驾驶人应遵照本车道信号灯的指示通行，同时，为了不与其他车道的车辆通行发生冲突，也应注意左右相邻车道信号灯的变化。车道信号灯如图 1–7 所示。

图 1–7　车道信号灯

（三）方向指示信号灯

方向指示信号灯的箭头方向向左、向上、向右分别表示左转、直行、右转。驾驶人不仅要观察箭头方向，还要注意信号灯的颜色。绿色箭头灯亮时，准许本车道车辆按箭头指示方向通行；红色箭头灯亮时，本车道禁止车辆通行。方向指示信号灯如图 1–8 所示。

图 1–8 方向指示信号灯

（四）闪光警告信号灯

闪光警告信号灯一般设立在有危险的路口或路段，提醒车辆、行人通行时注意瞭望、谨慎通过。在一些交通流量不大的路段，夜间会在其他信号灯停止工作后，单独利用其中的黄灯闪烁来表示警告。驾驶人应该注意区分闪光警告信号灯和机动车信号灯中的黄灯。闪光警告信号灯如图 1–9 所示。

图 1–9 闪光警告信号灯

二、城市道路驾驶易混淆的交通标志

道路交通标志是用图形符号、颜色和文字向交通参与者传递法定信息，用于管理、警告及引导交通的安全设施。交通标志分为主标志和辅助标志两大类，主标志又包含警告标志、禁令标志、指示标志和指路标志，警告标志可以有助于预判规避危险，禁令标志有助于阻止风险，指示标志和指路标志对于驾驶人选择道路、选择车速等都有重要影响。对于城市驾驶人而言，准确了解交通标志有着非常重要的意义。

机动车驾驶人在城市道路上经常容易混淆或违反的道路交通标志包括：

（一）警告标志

注意潮汐车道标志（图 1–10）：用以警告车辆驾驶人注意前方为潮汐车道。设在潮汐车道路段起点前适当位置。潮汐车道如图 1–11 所示。

图 1–10 注意潮汐车道标志

图 1–11 潮汐车道

（二）禁令标志

让行标志（图 1–12）：停车让行标志表示车辆应在停止线前停车瞭望，确认安全后方可通行。减速让行标志表示车辆应减速让行，告示车辆驾驶人应慢行或停车，观察干道行车情况，在确保干道车辆优先、确保安全的前提下，方可进入路口，设于交叉口次要道路路口。会车让行标志表示车辆会车时，应停车让对方车辆先行（图 1–13）。

a) 停车让行标志	b) 减速让行标志	c) 会车让行标志

图 1–12 让行标志

图 1-13　城市道路会车让行

禁止通行和禁止驶入标志（图 1-14）：禁止通行标志表示禁止一切车辆和行人通行，设在禁止通行的道路入口附近(图 1-15)。禁止驶入标志表示禁止一切车辆驶入，设在禁止驶入的路段入口明显之处。

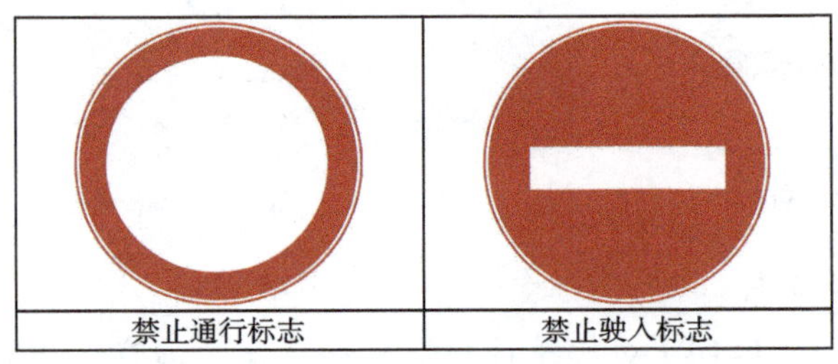

图 1-14　禁止通行和禁止驶入标志

图 1-15　禁止通行标志

禁止停车相关标志（图 1-16）：禁止停车标志表示在限定的范围内，禁止一切车辆停、放，设在禁止车辆停、放的地方。禁止长时停车标志表示在限定的范围内，禁止一切车辆长时停、放，临时停车不受限制。

a）区域禁止长时停车	b) 区域禁止长时停车解除	c) 区域禁止停车	d) 区域禁止停车解除
本区域范围内，禁止一切车辆长时间停、放，临时停车不受限制	本区域禁止长时停车解除	本区域范围内，禁止一切车辆停、放	本区域禁止停车解除

图 1–16　禁止停车相关标志

（三）指示标志

单行路标志（图 1–17）：表示该道路为单向行驶，已进入车辆应依标志指示方向行车，设在单行路入口起点处的适当位置。城市单行路如图 1–18 所示。

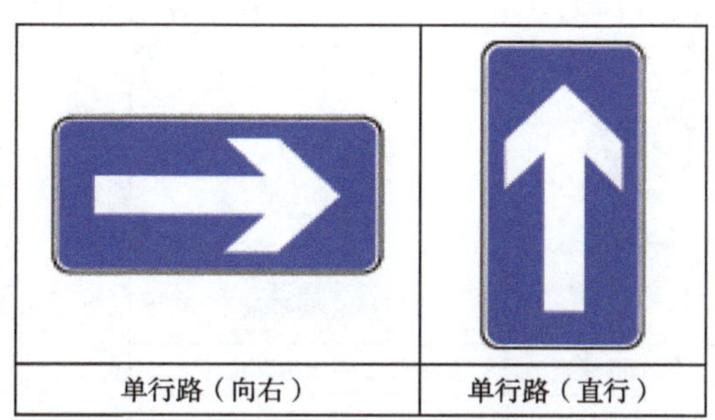

单行路（向右）	单行路（直行）

图 1–17　停车让行标志

优先通行相关标志（图 1–19）：路口优先通行标志表示交叉口主要道路上车辆向右优先通行权利，设在交叉口主要道路的路口以前适当位置。会车先行标志表示车辆在会车时向右优先通行权利，设在有会车让行标志路段的另一端。

图 1–18　城市单行路

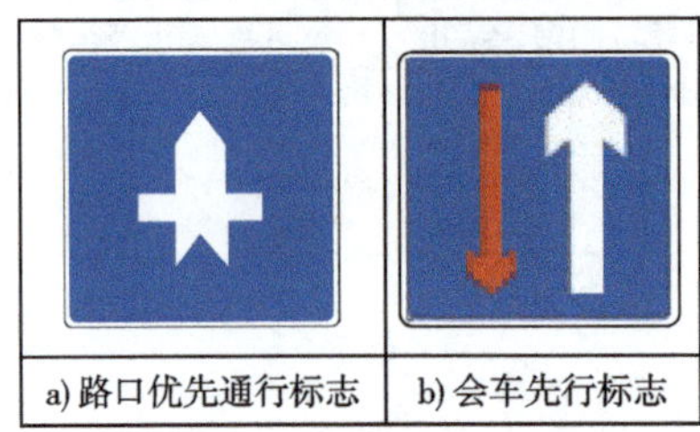

a) 路口优先通行标志　b) 会车先行标志

图 1–19　优先通行相关标志

专用车道标志（图 1–20）：公交线路专用车道标志表示该车道专供本线路行驶的公交车辆行驶，设在进入该车道的起点及各交叉口前适当的位置。

多乘员车辆专用车道标志表示该车道只供多乘员的车辆行驶，设在进入该车道的起点及各交叉口入口前适当位置。有人数规定时，在标志右上角表示。

（四）指路标志

此路不通标志（图 1–21）：用以指示前方道路无出口，不能通行。

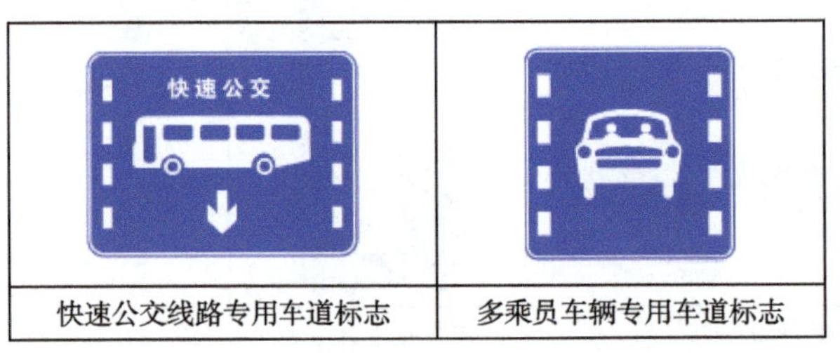

快速公交线路专用车道标志　多乘员车辆专用车道标志

图 1–20　专用车道标志

图 1–21　此路不通标志

三、城市道路驾驶易混淆的交通标线

交通标线分为指示标线、禁止标线和警告标线。机动车驾驶人在城市道路上经常容易混淆或违反的道路交通标线包括：

（一）指示标线

潮汐车道线（图 1–22）：车辆行驶方向可随交通管理需要进行变化的车

道称为潮汐车道，以两条黄色虚线并列组成的双黄虚线作为其指示标线，指示潮汐车道的位置。

黄色单实线车行道边缘线（图 1–23）：机动车单向行驶且非机动车双向行驶的路段，在机动车道与对向非机动车道之间应施划黄色单实线作为车行道边缘线。单向行驶的道路左边缘应施划黄色单实线为车行道边缘线。

左转弯待转区线（图 1–24）：左弯待转区线为白色虚线，用来指示左转弯车辆在直行时段进入待转区等待左转的位置。左弯待转区线应在设有左转弯专用信号且辟有左转弯专用车道时使用，设于左转弯专用车道前端，伸入交叉路口内，但不得妨碍对向直行车辆的正常行驶（图 1–25）。

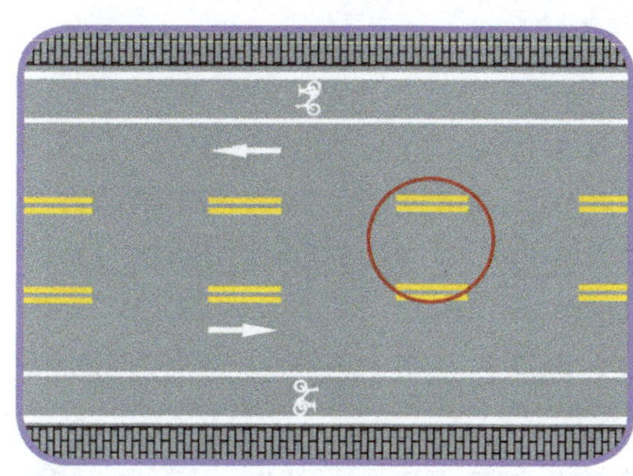

图 1–22　潮汐车道线

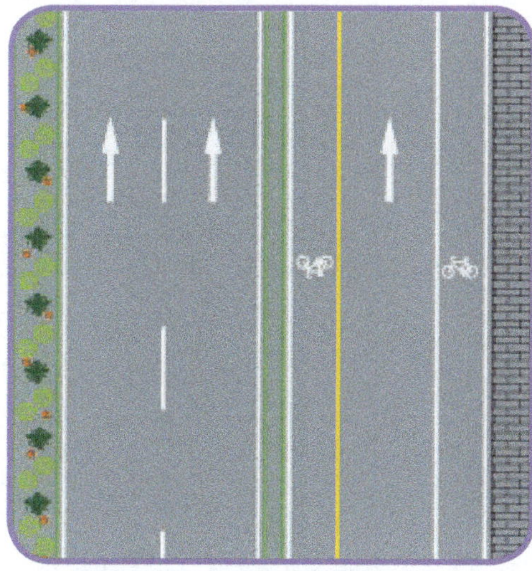

图 1–23　黄色单实线车行道边缘线

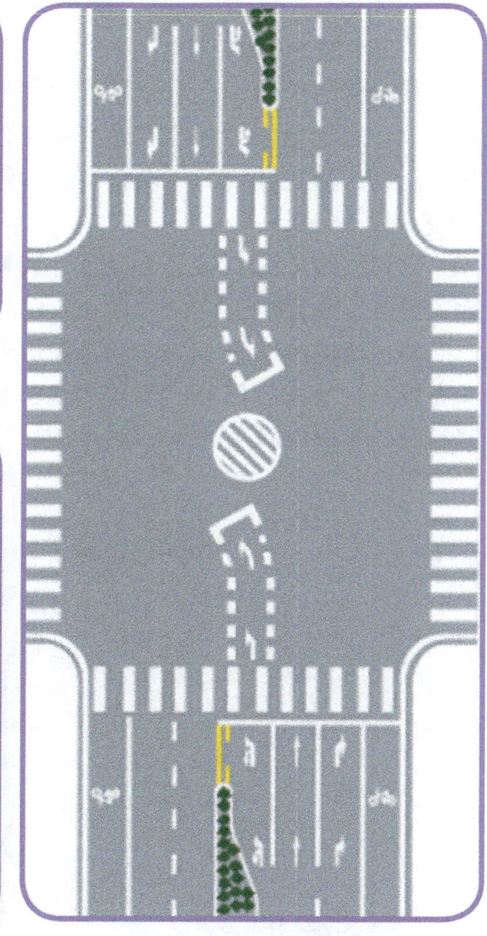

图 1–24　左转弯待转区线

图 1-25　左转弯待转区

（二）禁止标线

禁止跨越对向车行道分界线：分为双黄实线、黄色虚实线和单黄实线三种类型，用于分隔对向行驶的交通流，并禁止双方向或一个方向车辆跨线或压线行驶。禁止标线一般设在道路中线上，但不限于一定设在道路的几何中心线上。

双黄实线（图 1-26）作为禁止跨越对向车行道分界线时，禁止双方向车辆跨线或压线行驶。

黄色虚实线（图 1-27）作为禁止跨越对向车行道分界线时，实线一侧禁止车辆越线或压线行驶（图 1-28），虚线一侧准许车辆暂时越线或转弯，越线行驶的车辆应避让正常行驶的车辆。

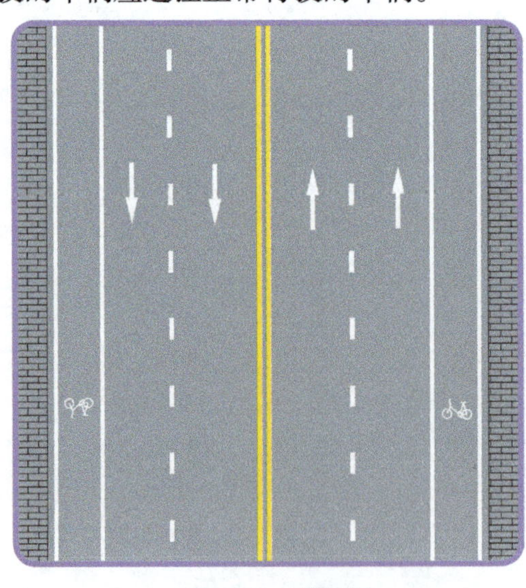

图 1-26　双黄实线

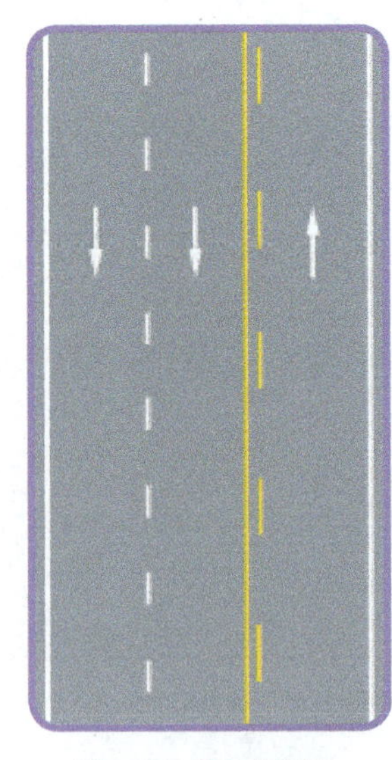

图 1-27　黄色虚实线

图 1–28 城市道路黄色虚实线

让行线（图 1–29）：停车让行线表示车辆在此路口应停车让干道车辆先行，设有“停车让行”标志的路口，除路面条件无法施划标线外均会设置停车让行标线。减速让行线表示车辆在此路口应减速让干道车辆先行。设有“减速让行”标志的路口，除路面条件无法施划标线外均会设置减速让行标线。

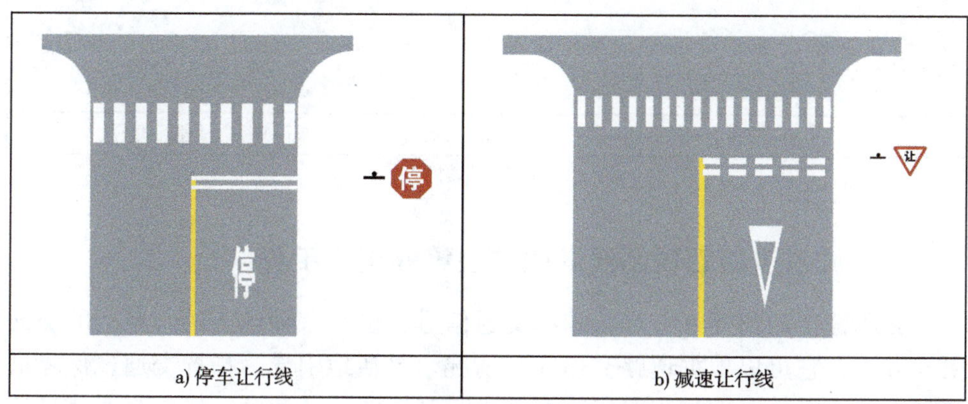

a) 停车让行线　b) 减速让行线

图 1–29 让行线

中心圈（图 1–30）：设在平面交叉路口的中心，用以区分车辆大、小转向或作为交叉口车辆左右转向的指示，车辆不得压线行驶。城市道路中心圈如图 1–31 所示。

（三）警告标线

减速标线（图 1–32）：用于警告车辆驾驶人前方应减速慢行。

图 1–30 中心圈

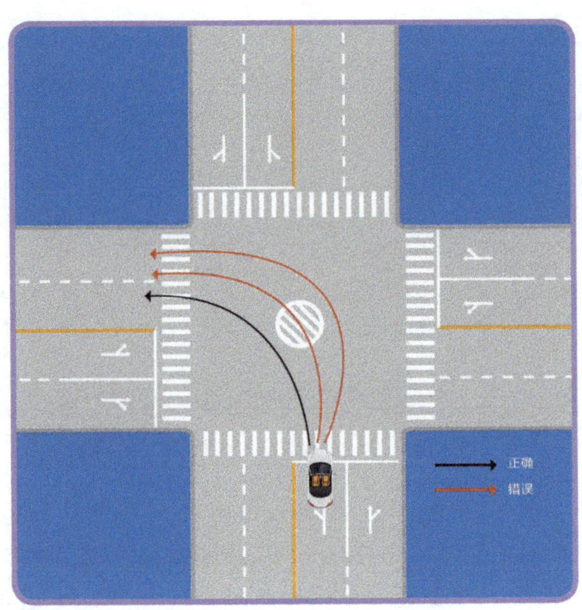

图 1-31　城市道路中心圈

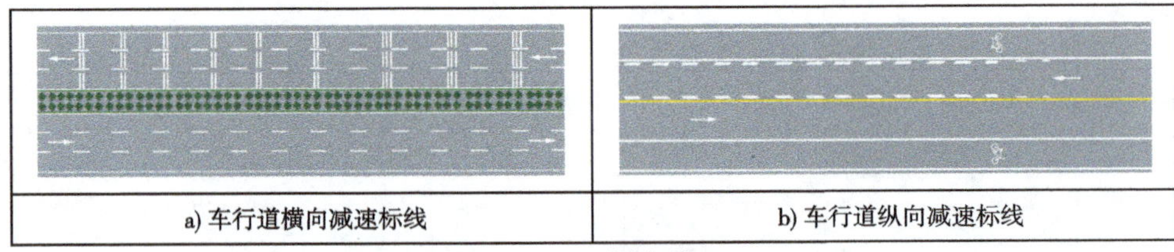

a) 车行道横向减速标线　　b) 车行道纵向减速标线

图 1-32　减速标线

四、城市道路驾驶易混淆的交通警察指挥手势

交通警察的指挥是一种特殊的交通信号，也是一种动态的、灵活的交通引导方式，它可以根据道路交通实际情况，灵活地引导、指挥交通，保障道路交通安全畅通，例如当前道路上正进行某项群体性活动，或是交通信号灯因故短时间内不能正常使用。交通警察的指挥是道路交通信号的一种，但又与交通信号灯、交通标志和交通标线等交通信号设施有区别。交通警察的指挥具有优先权。也就是说，在有交通警察现场指挥道路交通的情况下，道路通行人员应当按照交通警察的现场指挥通行。

交通警察指挥手势包括停止信号、直行信号、左转弯信号、左转待转信号、右转信号、变道信号、减速慢行信号、示意车辆靠边停车信号（图 1-33）。

a）停止信号

b) 直行信号

c) 左转信号

d) 右转信号

图 1-33

图 1–33　交通警察指挥手势

交通警察通过手势指挥交通，一般在道路平面交叉口或某些路段上单独使用，有时也与交通信号灯配合使用。交警对于城市道路交通的指挥，通常是因地制宜，因时制宜做出的更为准确的判断，避免了机器信号灯的机械性管理，更能够结合实际的道路交通情况来做出调整，驾驶人应当注意。当交通信号灯与手势信号发生矛盾时，应服从交通警察的指挥。

第三节　城市道路驾驶限速规定

车辆行驶环境对速度也具有决定性影响，驾驶人要根据环境进行适时调整，与交通流速度保持一致，避免超速或低速行驶，影响整体交通运行效率，防止速度差过大导致交通事故。

跟我来学《中华人民共和国刑法》

第一百三十三条 在道路上驾驶机动车，从事校车业务或者旅客运输，严重超过额定乘员载客，或者严重超过规定时速行驶的，处拘役，并处罚金。

机动车所有人，管理人对上述行为负有直接责任的，依照前款的规定处罚。

跟我来学《中华人民共和国道路交通安全法》

第四十二条 机动车上道路行驶，不得超过限速标志标明的最高时速。在没有限速标志的路段，应当保持安全车速。

跟我来学《中华人民共和国道路交通安全法实施条例》

第四十五条 机动车在道路上行驶不得超过限速标志、标线标明的速度。在没有限速标志、标线的道路上，机动车不得超过下列最高行驶速度：

（一）没有道路中心线的道路，城市道路为每小时 30km，公路为每小时 40km；

（二）同方向只有 1 条机动车道的道路，城市道路为每小时 50km，公路为每小时 70km。

一、城市道路限速规定

驾驶车辆在道路上行驶，不得超过限速标志标明的时速。限速标志标线标明的速度包括最低速度和最高速度，其中最低限速通常在城市快速路上使用（图 1–34）。

图 1–34 限速交通标志

没有限速标志和标线提示的路段往往路况较差，安全设施不够齐全，行驶时更应严格遵守该路段的最高行驶速度规定（图 1-35），这既是具体路况条件下安全行车的基本要求，也是与其他交通参与者和谐共处的重要前提。

图 1-35　无限速标志标线低速行驶

跟我来学《中华人民共和国道路交通安全法实施条例》

第七十八条　高速公路应当标明车道的行驶速度，最高车速不得超过 120km/h，最低车速不得低于 60km/h。高速公路上行驶的小型载客汽车最高车速不得超过 120km/h，其他机动车不得超过 100km/h，摩托车不得超过 80km/h。同方向有 2 条车道的，左侧车道的最低车速为 100km/h；同方向有 3 条以上车道的，最左侧车道的最低车速为 110km/h，中间车道的最低车速为 90km/h。道路限速标志标明的车速与上述车道行驶车速的规定不一致的，按照道路限速标志标明的车速行驶。

第八十五条　城市快速路的道路交通安全管理，参照本节的规定执行。

二、城市快速路限速规定

近年来，大中城市为了提升城市通行效率，建设了大量的城市快速路及环路，城市快速路没有红绿灯，可以连续通行，设计通行限速较高（一般限速 80~100km/h）。

驾驶机动车行驶在城市快速路上，驾驶人一定不要以为这只是普通的城市道路而松懈大意，城市车流更加密集，虽然严禁行人和非机动车通行，大部分路段采用封闭设计，但是出入口区域仍可能会有行人和非机动车闯入。这对于机动车驾驶人来说隐藏着巨大的风险。在此区域驾驶，驾驶人要根据道路交通标志标线的指示，严格控制好车速。

驾驶人还应注意，城市快速路上不仅有限速上限，也有限速下限，以不低于下限的车速行驶在非超车道上，是保证安全并不影响通行最基本的要求。

三、特殊情况下的限速规定

跟我来学《中华人民共和国道路交通安全法》

第四十二条 夜间行驶或者在容易发生危险的路段行驶，以及遇有沙尘、冰雹、雨、雪、雾、结冰等气象条件时，应当降低行驶速度。

跟我来学《中华人民共和国道路交通安全法实施条例》

第四十六条 机动车行驶中遇有下列情形之一的，最高行驶速度不得超过30km/h，其中拖拉机、电瓶车、轮式专用机械车不得超过15km/h:

（一）进出非机动车道，通过铁路道口、急弯路、窄路、窄桥时；

（二）掉头、转弯、下陡坡时；

（三）遇雾、雨、雪、沙尘、冰雹，能见度在50m以内时；

（四）在冰雪、泥泞的道路上行驶时；

（五）牵引发生故障的机动车时。

第八十一条 机动车在高速公路上行驶，遇有雾、雨、雪、沙尘、冰雹等低能见度气象条件时，应当遵守下列规定：

（一）能见度小于200m时，开启雾灯、近光灯、示廓灯和前后位灯，车速不得超过60km/h，与同车道前车保持100m以上的距离；

（二）能见度小于100m时，开启雾灯、近光灯、示廓灯、前后位灯和危险报警闪光灯，车速不得超过40km/h，与同车道前车保持50m以上的距离；

（三）能见度小于 50m 时，开启雾灯、近光灯、示廓灯、前后位灯和危险报警闪光灯，车速不得超过 20km/h，并从最近的出口尽快驶离高速公路。

复杂的道路环境对车辆安全速度和距离的要求更高，所以要严格限制行驶速度。恶劣天气及特殊路况条件下最高行驶速度的规定是在大量交通安全理论研究、管理实践和血淋淋的交通事故教训的基础上得出的，是保证安全行车的重要前提条件。驾驶人行至以上路段时应自觉遵守在一般城市道路上 30km/h 的限速规定，如遇行驶条件恶劣的特殊情况时，还应酌情减速或停车等待、寻求救援。学校、医院、商业区、公交站台等人群密集地区的周边道路和校车、公交车旁，行人、非机动车较多，驾驶车辆经过时，也应减速慢行。

此外，在视野受限的交叉口、接近坡顶、陡峭的下坡、湿滑路面等地点，驾驶人观察、操作受到限制，需要保持低速行驶，避免险情发生时措手不及。转弯路段限速如图 1-36 所示。

图 1-36　转弯路段限速

我国法律规定城市快速路参照高速公路相关规定进行管理，驾驶机动车在城市快速路上行驶，遇到特殊天气时，也应放慢车速，增大跟车距离，必要时尽快驶离城市快速路。

第二章　城市道路驾驶方法

在城市道路驾驶机动车，驾驶人每天要面临交叉路口、环岛、城市快速路等不同道路形态，经过公交车站、医院、学校、商场等特殊区域，要和非机动车和行人共享道路，其复杂性可见一斑，因此，有人把驾驶称为一项城市道路上的单人运动项目。要在遵纪守法的前提下安全完成这项运动，就要面临会车、超车、跟车、转弯、掉头、倒车和停车等基本操作，本章从车辆出行前准备与城市驾驶基本操作方法等方面，帮助驾驶人进一步掌握城市道路驾驶的基本操作要点和注意事项。

第一节　城市道路驾驶出行规划

随着我国机动车保有量和驾驶人数量的持续增长，为了优化道路交通组织，提高通行效率，许多城市出台了针对不同车型、不同时段、不同路段的限行措施。机动车驾驶人在出行之前，一定要做好充分的准备，不仅要做好出行准备、规划最优路线，还要了解当地的交通限行措施，依规上路、平安出行。

一、做好车辆出行前的准备

车辆出行前应当检查车辆状况、随车物品以及检查机动车的出行资格。

（一）检查车辆状况

驾驶人在开车之前，需要先绕车一周，对车辆的制动系统、轮胎、车灯、保险杠、后视镜等部位进行仔细检查，同时还要查看车辆周围是否有儿童、影响车辆安全行驶的障碍物等安全隐患。如果要驾驶机动车通过城市快速路，更要做好安全检查，因为高速行驶状态下任何一点小的故障都有可能导致车毁人亡。上述检查完毕之后，驾驶人还应当在车内对车辆仪表、转向、制动、灯光等进行复查。

（二）检查随车物品

除了检查车辆部件之外，还要检查随车工具。除了法律规定应该携带的驾驶证、行驶证警示标志、灭火器等之外，为了应对行车中的突发事件，应该携带一些必要的随车工具（表 2–1），例如备胎、钳子、扳手、手电筒、千斤顶、拖车绳等。

城市道路驾驶随车物品 表 2–1

类　别	物　品
证件类	驾驶证、行驶证、身份证
应急工具	警示标志牌、备胎、灭火器、钳子、扳手、手电筒、拖车绳、千斤顶、安全锤
冬季出行携带物品	防冻液、防滑链、抹布
其他建议携带的物品	少量现金、保暖衣物、水

（三）检查机动车出行资格

由于城市道路交通拥堵、环境污染等问题日益严重，北京、西安、成都等大城市开始研究通过机动车限行的相关措施来缓解交通拥堵，有效降低机动车污染物排放，随后上海、成都、济南等城市都陆续开始实施机动车限行相关政策，各个城市的机动车限行政策不同，可具体查看当地政府机构的政策。

限行措施更加合理的分配了交通资源，改善了道路交通环境，有研究表明，各地实行限行措施以来，道路拥挤状况有不同程度的改善，机动车限行措施需要每一位市民的理解和支持，限行日可通过拼车、公交、地铁等多种方式绿色出行。驾驶人应当特别注意，违反限行规定可能面临一定处罚。

1 对普通机动车实行尾号限行措施

一些大型城市实行机动车尾号限行措施（图 2–1），在工作日每日限行两个尾号，限行车辆在指定时间段不得驶入限行城区，同时为了方便广大群众的生活，规定法定节假日和公休日不限行，外埠车辆同样要遵守本地的限行规定。除了日常工作日限行两个尾号，遇重特大活动，实行机动车单双号限行。

图 2–1 城市机动车限行措施

2 对大型车辆、外埠车辆实行限行

为了确保城区道路畅通，满足日常客运需求，许多城市对大型货车的通行时间和路段进行了限制，在缓解城区日间交通压力的同时，也一定程度上保障了客车驾驶人的安全。此外，为了降低本地车流压力，更好的管理外埠车辆，许多城市对外埠车辆实行限行政策，在工作日固定时段，外埠车辆不得驶入指定城区。

值得注意的是，警车、消防车、救护车、工程救险车、车身喷涂统一标识并执行任务的行政执法车辆和清障专用车辆是为公共服务的特殊车辆，不受限行政策的限制。

3 重大事件采取临时交通管制措施

当有集会游行、重大赛事、国际会议，或是需要开展救灾抢险、道路桥梁建设等任务时，公安机关交通管理部门会出于安全考虑，依法对于部分交通路段的车辆和人员通行进行管制，如国际马拉松比赛、“两会”期间等，这种交通管制一般是临时性的，广大机动车驾驶人应对临时交通管制予以支持和理解，遵守管制通告积极配合交警部门的工作。此时，建议出行时间较为紧张的驾驶人换乘公共交通出行。

二、做好路线和时间规划

驾驶人提前做好驾车行驶线路和时间规划有助于提高出行效率，保证出行安全。

（一）合理规划出行驾驶线路

正所谓有备而无患，合理的出行路线是安全、快速抵达目的地必要的前提。

驾驶人必须做好路线规划，了解沿途的道路情况，避开堵点，尤其是驾驶人要前往不熟悉的地点时，应当提前查看导航，从而避免在途中过多查看导航导致分心驾驶。在前往学校、医院和商城等交通拥堵地点时，应当注意提前查看停车地点。

在法定节假日出行时，驾驶人应当尽可能躲避人流过多的热门景点，尽量选择平日出行，提高出行效率，否则可能会因为交通拥堵影响驾驶人的出玩心情。对于一些私家车驾驶人来说，为享受“五一”“十一”、春节等重大节假日高速公路免费通行政策福利，会选择自驾出游。节假日第一天出城和节假日最后一天返程都是客流高峰，许多热门路线车流量激增，此时驾驶人应避免为了享受免费政策在高速公路收费口附近停车等待免费通行时间到来。驾驶人还应注意，免费通行政策只针对 7 座以下车辆，7 座以上车辆不得走免费通道。7 座以上车辆强行占用免费通道会大大降低通行效率，给自己和他人带来不必要的安全隐患。

（二）合理规划出行时间

合理规划出行的线路有助于帮助驾驶人节省出行时间，也有利于统筹安排多项事情，避开拥堵的路段和时间段，用最经济的方法达到最好的效果。驾驶人在出行前应详细列出完成任务所要到达的地点，规划出行路线，做好时间安排，一方面可以减少驾驶机动车出门的时间，另一方面也可以以最短的时间和行驶路线完成所有出行任务。为了避免时间紧迫造成驾驶人心情焦虑、开快车，驾驶人应当提早出发，以轻松愉快的心情及时抵达目的地。

三、做好出行前的情绪准备

情绪具有在特定时间里被特定事件所唤起的特征。驾驶过程中的消极情绪会改变驾驶人对于驾驶有关刺激的认识，注意视野变窄，加速受限，改变对其他驾驶人和其行为的理解，最终增加了驾驶潜在的危险性。行车过程中的情况，除了事故或道路拥堵等无法到达目的地导致的消极情绪之外，还包括与成功到达目的地有关的积极情绪。过于高昂的情绪也会使驾驶人的操作行为过于激进。因此，驾驶机动车应心态平和，如情绪受到较大刺激，应及时调整；难以平复的，不应继续驾驶机动车。

近年来，小型汽车不断进入家庭，单位公务用车也逐年增多，且车辆档次越来越高，一旦发生事故，经济损失动辄达上万元之多。日常生活中，道路交通事故的原因也以机动车交通违法行为居多，要想避免交通事故发生，就必须降低交通违法行为，提高驾驶人文明素质。稳定的心理素质是实现车辆安全行驶不可缺少的必要条件，每时每刻都会影响机动车驾驶人的行车安全。尤其是运输企业等单位的车辆管理人员应对本单位驾驶人的心理特征变化有深层次的研究分析，掌握每位机动车驾驶人的心理特征变化，进行车辆调度，减少因驾驶人心理因素引发的交通事故。

（一）驾驶情绪与交通事故

心理学将人的特质分为包括乐群性、聪慧性、稳定性、恃强性等 16 种，称为 16 维度，16 维度中对驾驶人情绪的影响比较大的几个方面有：乐群性、稳定性、恃强性、敢为性、幻想性、独立性和紧张性。

乐群性是指人们与他人结伴的愿望程度。乐群性越低的人，社会适应性也就越差，可能会带有一些反社会人格和攻击性人格，这种人容易发生交通事故。稳定性则决定了人情绪波动情况，稳定性高的人比较中规中矩，情绪起伏小，开车时的安全系数也相对高。恃强性代表了一个人的好胜心理，通常开车时喜欢超车的人恃强性比较强。敢为性顾名思义，表现人做事的勇敢度，也从另一方面反映了一个人是否冲动和富有攻击性。

以上这些属性较强的人，可能会做出攻击性驾驶行为。攻击性驾驶行为是由开车时的急躁、烦恼，或带有愤怒的情绪引起的。一些驾驶者为了节省时间等目的，威胁其他驾驶人或行人的利益，使其感到有危险而采取回避行为，或激怒对方使其产生恼怒的情绪。人们都有操纵其他事物的愿望，在驾车时，通过对机械的操作能够满足人们这方面的成就感。但是这种掌控一旦遭到破坏，比如遇到红灯或堵车，就会引起另一种本能，即攻击心理。攻击性驾驶虽然不是蓄意为了导致事故或致人伤亡而做，但是往往会因为驾驶者对情况判断失误而造成交通事故。

另外，幻想性高的人容易“走神儿”，容易处于无意识驾驶的状态，给驾驶带来一定的危险。独立性差的人，自我心理调节能力比较低，需要别人的鼓励和帮助。这些人在长时间驾车比较容易心理疲劳，最好配有副驾驶。所有属性中，紧张性高的人驾车最危险，因此紧张性高的驾驶人尽量不要自己驾驶车辆。

（二）不良驾驶情绪

心理专家们认为，人的心理因素对交通事故的影响，主要表现在情绪上。激动的情绪，无论是正面的还是负面的，都不利于驾驶安全。因此，无论是哪种个性特征的人，都应该正确认识自己的性格特点，注意稳定情绪。在情绪激动的时候先平稳情绪，或者平缓后再驾驶。越是容易情绪化的人，越应注意驾驶时的心理平衡。

1 好胜情绪

持这种情绪的驾驶人多为年轻的男士，他们爱在众人面前显示自己高超的驾驶技术，见空就钻、见缝就挤、见慢就超，不顾其他人的感受，有时急事赶路，前面的车偏偏如蜗牛爬行般我行我素，鸣号闪灯无济于事，一怒之下不顾保持安全行车距离开始穿插强行，还故意在超车之后以更慢的速度阻碍他人报复；有的车主被他人野蛮超车之后，就一脚将加速踏板踩到底，追逐竞驶一较高下如图 2–2 所示。以这种情绪开车，缺乏对环境准确判断和冷静处置，一旦遇到险情就会惊慌失措，引发严重的交通事故。

图 2–2　驾驶中的好胜情绪

2 挫折情绪

每一位驾驶人在日常生活中都会遇到各种各样不顺心的事，事业发展遇到瓶颈、和家人吵架了、孩子考试成绩不好……每个人对挫折的心理承受能力不相同，一旦驾驶人所承受的心理压力超越了所能承受的范围，就会思绪紊乱，导致注意力难以集中，可能导致机械地、无意识地驾驶，此时若遇到危险情况就很难避让。

3 冲动情绪

驾驶人有时遇到高兴的事情，情绪亢奋、手舞足蹈，导致注意力被分散，或因为兴奋盲目开快车；有时遇到不顺，情绪低落，前车速度太慢、后车抢行、野蛮超车等，都会触动驾驶人的消极心理，导致情绪冲动，在盛怒之下追逐竞驶，如图 2–3 所示，极易引发交通事故。

图 2-3 驾驶人情绪冲动

4 冒险情绪

有些路段会提示“事故多发地段，减速慢行”“严禁超车”，但是有冒险情绪的驾驶人却熟视无睹，依然我行我素。明知道路口、弯道要减速，还是高速行驶、过弯。把一般的道路当赛场，把自己的车当赛车，如图 2-4 所示。驾驶人抱着这种心理驾驶，把交通法规和危险统统抛在脑后，随之而来的就是交通事故。

图 2-4 驾驶人有冒险情绪

（三）塑造正确的驾驶情绪

机动车驾驶人在驾驶活动中都会对周围的环境表现出自己的心态。愉快、忧愁、失望、悲伤、恐惧、苦恼等各种不同的情绪变化，是外部事件在人体内引起的一系列内变过程之后的表情，当受到刺激时通过面部表情、动作、语言等表现出来。在驾驶车辆行驶过程中，驾驶人心情舒畅对事物的观察和判断具有积极的促进作用，常常表现出勤于观察，反应迅速，判断准确，动作敏捷，这就是所谓的“人逢喜事精神爽”，有利于车辆行驶安全。反之，驾驶人有产生忧愁、恐惧、苦恼等情绪时，则精力分散、怠于观察思考，易开“英雄车”“霸道车”，一旦遇到紧急情况，容易反应迟钝，判断失误。足见驾驶人的情绪和情感好坏直接影响着行车安全，所以驾驶人在从事驾驶活动时，不但要有稳定的“情绪”，而且还要有较好的“情感”。

1 加强情绪稳定的调节

消除紧张、急躁、侥幸等情绪，积极坦然地对待周围的人和事，避免过激的心理活动，做到“养心在静”，注意保持心理平衡，规范驾驶行为。这是良好驾驶心理的基础。

生活好比一面镜子，你对它笑它就笑，你对它哭它就哭。

2 培养注意情绪的自我调节

注意力集中是合格驾驶人最基本的心理素质，也是防止交通事故最基本的条件，开车时不接打手机、不吸烟、经常进行自我提醒：“我在开车”“我不能想别的”“安全第一”等。

人生是一串无数的小烦恼组成的念珠，乐观的人总是笑着数完这串念珠。

3 创造舒畅而轻松的工作环境和休息环境

注意改善自己的休息环境，并从事一些有益的休闲活动，如听音乐看书等，消除精神和身体上的疲劳，保证充足的睡眠，也是帮助驾驶人克服不良驾驶心理的重要途径。驾驶是颇费精力的，保持充沛的精神，是安全驾驶的必要条件。

情绪调节

闲中不放过，忙处有受用；静中不落空，动处有受用；暗中不欺隐，明处有受用。

4 调适情感心理环境

家人对驾驶人要多关心，多体贴，使驾驶人心情愉快，精力充沛。驾驶人也应讲究人格修养，扩大心理容量，提高心理承受力和应激力。

情绪调节

不识坎离颠倒，谁能辨，金木沉浮。

操作方法

驾驶人驾驶机动车时，应保持心态平和，情绪不应激动。

驾驶人驾驶机动车时，如情绪受到较大刺激时，应及时调整。

驾驶人驾驶机动车时，如情绪难以平复时，不应继续驾驶机动车。

四、检查个人出行服饰

驾驶人出行前除需做好车辆出行前的检查、做好路线和时间规划以及情绪调整外，还应当检查个人的出行服装。检查出行服装看似小事，但也与驾驶安全密切相关。

（一）选择舒适的服装配饰

由于道路上的车流量日益增大，堵车很常见，驾驶人可能要连续几个小时开车，长时间久坐容易引发肌肉僵硬、浑身酸疼，尤其是下肢由于长时间受到压迫，血液循环受阻碍，因此建议驾驶人选择较为弹力合适、宽松舒适、透气的服装。

考虑到车内温度和空气湿度，春夏天气开车建议着中厚偏薄面料服装，秋冬季节驾驶可以适当增加厚度，但是不适宜穿着过厚的棉衣棉裤，一是车内可以开启空调升温，二是过厚的衣物会影响驾驶人操作的灵活性。

有一些驾驶人为了应对刺眼的阳光，喜欢在夏日佩戴墨镜或者偏光镜，驾驶人一定要在正规的眼镜店选择质量合格的眼镜，质量不好的镜片看物体会变形、变色，更容易引发交通事故。

（二）选择合适的鞋

高跟鞋、厚底鞋、拖鞋和雪地靴，都不适宜在驾驶时穿。高跟鞋鞋跟太高，可能无法正常踩各种操作踏板（图 2–5）；厚底鞋鞋底过厚，容易造成脚对加速踏板和制动踏板转换灵敏度下降；拖鞋“不跟脚”，容易滑落导致踩操作踏板不实；雪地靴虽然保暖效果非常好，但是因为鞋较大，容易卡在加速踏板和离合器踏板之间。很多男性驾驶人会穿很硬的尖头皮鞋，由于这种鞋的脚尖部分较小，与操作踏板的接触面积有限，也会影响驾驶人对加速踏板及制动踏板的控制。

驾驶过程中，最好选择舒适的平底运动鞋、休闲鞋。如果女性驾驶人觉得平底鞋平时穿着不够美观，建议在车内准备一双平底鞋，开车之前换上运动鞋，车停稳之后再换上高跟鞋，千万不要在车辆起动之后边开车边换鞋，更不能把换下来的高跟鞋随意放到驾驶座旁，否则高跟鞋可能卡在制动踏板下边，导致无法制动停车，引发交通事故（图 2–6）。

图 2–5　驾驶时不得穿高跟鞋

图 2–6　驾驶时应穿着合适的鞋

（三）摩托车驾驶人正确佩戴头盔

统计数据显示摩托车驾驶人发生的交通事故中 80% 的致命伤害与大脑受伤有关，对于摩托车驾驶人和乘客来说头盔是最基本的安全装备，如图 2–7 所示。骑摩托车过程中佩戴头盔，除了遇到紧急情况能够有效降低对头部的撞击、保护头部减少伤害之外，还能降低噪音保护听力、防止道路中抛撒物的袭击、减少气流对视线的影响。

图 2-7　摩托车驾驶人正确佩戴头盔

佩戴摩托车头盔一定要规范，将头盔戴到脑袋上后，放下面罩，使头盔与整个头部稳固结合，减少晃动，如果随便一动头盔就左右摇晃，说明头盔未正确佩戴，就起不到保护作用。

五、在陌生城市驾驶的注意事项

（一）了解道路情况

很多驾驶人认为有了导航系统就能够很轻松地在陌生的城市驾驶车辆，但是，导航系统可能由于信号弱等原因暂时出现故障，此时如果行驶在城市快速路等封闭城市道路上又无法停车问路，会给驾驶人带来极大困扰，可能因此导致走错路，因此产生交通违法行为。

驾驶人在陌生的城市驾驶车辆，要提前了解主要道路的名称、道路走向和它们之间的位置关系——哪条与哪条平行，哪条与哪条相交。如果迷了路，问路时知道主要道路的名称和方向也会有所帮助。在驾驶过程中，要注意观察车辆经过的标志性建筑物，如电视台、著名商场、景点等，这样有助于辨别东南西北。

（二）了解道路模式

有的城市道路是简单的平行分布，也可能会有一到两条斜线，有的城市则是蛛网分布。不管是哪种方式，都应该提前了解。但是要记住，实际道路情况可能会和地图里面标注的有所差异。当驾驶车辆经过曾经熟悉但很久没去过的城市时，原来的单行道可能已经成为车流拥堵的双向车道。

（三）了解标识语言

一些城市一般用自己独特的方法来设置方向指示牌，标出道路名称。有些城市只标出交叉道路的名称而不标出当前所在道路的名称，让外地驾驶人感到困惑。如果是在国外驾驶机动车出行，就更要注意交通标志标线，熟悉当地的语言，或是邀请熟悉当地语言的人作为出行向导一同出行。

（四）注意人身安全

在陌生的城市驾驶车辆要格外注意个人安全。在驾驶车辆的时候把钱包放在座位底下或者不显眼的地方，把行李放在行李舱，只身一人，尤其是女性遇到他人在路边搭车时，不要轻易停车予以帮助，可在车内协助对方拨打报警电话，寻求警察的帮助；临时停车时要把车门锁好，关上所有的窗户，下车后不要把贵重物品留在车内。此外，还建议提前了解当地的高犯罪率地区，尽量避免孤身前往。

第二节　城市道路驾驶会车方法

会车是每位驾驶人在行车过程中必然会遇到的，驾驶人在会车时必须遵守交通法规，必须注意保持足够的横向安全距离，以“减速、鸣笛、靠右行”作为会车的基本准则。

一、城市会车礼让优先车辆

跟我来学《中华人民共和国道路交通安全法实施条例》

第四十八条　在没有中心隔离设施或者没有中心线的道路上，机动车遇相对方向来车时应当遵守下列规定：

（一）减速靠右行驶，并与其他车辆、行人保持必要的安全距离；

（二）在有障碍的路段，无障碍的一方先行；但有障碍的一方已驶入障碍路段而无障碍的一方未驶入时，有障碍的一方先行；

（三）在狭窄的坡路，上坡的一方先行；但下坡的一方已行至中途而上坡的一方未上坡时，下坡的一方先行。

在城市路面行驶，会车过程中驾驶人应在明确车辆的优先权的基础上自觉做到“礼让三先”，即“先让、先慢、先停”。会车过程中，在路宽不足7m的道路上时，会车车速一般不超过30km/h；在路宽不足5m的道路上时，会车车速一般不超过15km/h。在会车前弄清来车及路面等交通情况，选择适当会车地点，靠右通过，做到安全会车。图2-8所示为有障碍路段文明会车。

图2-8　有障碍路段文明会车

跟我来学《中华人民共和国道路交通安全法实施条例》

第四十八条　在没有中心隔离设施或者没有中心线的道路上，机动车遇相对方向来车时应当遵守下列规定：

（五）夜间会车应当在距相对方向来车150m以外改用近光灯，在窄路、窄桥与非机动车会车时应当使用近光灯。

二、夜间会车及时关闭远光灯

城市道路交通基础设施完备，城市快速路、主干道等配有路灯照明，光线相对明亮，一般情况下夜间在有路灯的道路上行驶，驾驶人只需要开启近光灯就完全能够满足视线需要，无须使用远光灯。许多驾驶人认为开远光灯可以提高安全性，使自己的视线更加良好，但在相距150m内会车时仍然使用远光灯，对方车辆驾驶人的眼睛受到强光照射会出现暂时性的视觉障碍（即“炫目”），导致无法看清道路环境，极易引发交通事故（图2-9）。

图 2-9　夜间滥用远光灯

夜间驾驶机动车要正确使用灯光，在照明情况良好的城区道路上或近距离跟车时不要使用远光灯；在没有中央隔离设施或没有中心线的道路上会车时，应在距对向来车 150m 以外改用近光灯；在窄路、窄桥与非机动车会车时应使用近光灯；在夜间通过急弯、坡路、拱桥、人行横道和没有交通信号灯控制的路口时，应交替变换远近光灯示意。

对方使用远光灯时，应变换远近光灯进行提示，如对方仍使用远光灯时，应提前观察前方道路情况，视线稍向道路右侧转移，并及时减速，必要时停车，千万不能以远光灯对射。遇后方来车开远光灯时，如果自己的车内后视镜具备防炫目功能，应及时打开后视镜防炫扳扭。

一些城市规定白天大型货车、工程车等不准进入市区，只能在规定的夜间时段作业，因此夜间城市道路上会有很多货车上路行驶，这些车辆载重大，灯光更高、更亮，夜晚与小型汽车会车时，如果开启远光灯，可能导致对向的小型汽车驾驶人短暂“失明”，诱发操作不当，进而引发交通事故（图 2-10）。驾驶员不能为了自己看得更远更清楚而给他人带来危险，况且自己往往也会深陷事故之中。

图 2-10　夜间大型车辆开启远光灯

三、会车保持横向安全距离

会车时影响安全的主要因素是车辆的横向距离，横向距离不足时，稍有不慎就有可能发生剐蹭，甚至引发连环交通事故。保持有效横向距离的首要原则是靠右行驶，尽量给对向来车留有充分空间，会车过程中降低车速，提高驾驶稳定性。弯道会车时，左转车辆左后轮可能驶过中心线，与交会车辆发生碰撞，右转车辆右后轮则可能向路外偏转，但不会与交会车辆相接触。

泥泞道路上会车，两车交会时有可能发生滑转，应加大横向安全距离；土路会车，两车交会时容易形成扬尘，应减速慢行，提防对方车辆车尾情况，做到“会车防车尾”；雨天会车，由于视线不良，应注意减速慢行，两车交会时，要提防溅起的水花干扰视线。

第三节　城市道路驾驶超车、让超车方法

超车是发生侧面剐蹭事故最常见的驾驶形态之一，特别是大中型客货车与其他小型汽车、摩托车或者自行车发生剐蹭时，由于大中型客货车尺寸长、自重大，可能直接导致小型汽车等翻车或失控冲出路外，引发严重后果。

跟我来学《中华人民共和国道路交通安全法实施条例》

第四十七条　机动车超车时，应当提前开启左转向灯、变换使用远、近光灯或者鸣喇叭。在没有道路中心线或者同方向只有1条机动车道的道路上，前车遇后车发出超车信号时，在条件许可的情况下，应当降低速度、靠右让路。后车应当在确认有充足的安全距离后，从前车的左侧超越，在与被超车辆拉开必要的安全距离后，开启右转向灯，驶回原车道。

一、城市道路超车保持安全距离

超车的关键安全要素是横向距离，保持横向距离充足可以从容操控，即

使其他车辆出现异常情况也能自如应对，不至于立刻陷入险情。因此超车前一定要先观察超车道的状况，及被超车辆前面车辆的行驶状况，如果路面情况无法保证足够的横向距离，驾驶人应放弃超车，驶回原车道。

二、城市道路借道超车不要影响其他车辆通行

跟我来学《中华人民共和国道路交通安全法》

第四十三条 同车道行驶的机动车，后车应当与前车保持足以采取紧急制动措施的安全距离。有下列情形之一的，不得超车：

（一）前车正在左转弯、掉头、超车的；

（二）与对面来车有会车可能的；

（三）前车为执行紧急任务的警车、消防车、救护车、工程救险车的；

（四）行经铁路道口、交叉路口、窄桥、弯道、陡坡、隧道、人行横道、市区交通流量大的路段等没有超车条件的。

跟我来学《中华人民共和国道路交通安全法实施条例》

第四十四条 慢速车道内的机动车超越前车时，可以借用快速车道行驶。

在道路同方向划有2条以上机动车道的，变更车道的机动车不得影响相关车道内行驶的机动车的正常行驶。

驾驶机动车行驶在双向两车道的城市道路上，驾驶人感觉前方车辆行驶缓慢时，想要通过借用对向车道超车，此时驾驶人应意识到对向车道来车后方可能还有其他车辆，当对向车道来车与本车道前车交会驶过之后不要盲目超车，要注意观察对向车道后方是否还有其他车辆(图2-11)。

尤其是如果对向来车是大型车辆，其造成的视野盲区内可能有其他车辆，甚至盲区内的车辆正准备超越前方的大型车辆。

图 2-11　借道超车先观察对向车道

三、城市道路让超车要让路又让速

驾驶人发现后车发出超车信号时，如果道路情况具备让超条件应及时减速，开启右转向灯，靠右行驶让超车。让超车过程中，车速一般应比超车车辆慢 15 ~25 km/h。后车超越后，应注意观察后视镜，确认后方无其他车辆超车时，打开左转向灯驶回原车道。让超车时要做到让速、让路、一让到底。对于让速、让路的判断标准为：让速，让到既尽量缩短了超车距离，又不影响后方车辆的正常行驶；让路，让到既不危及本车和右边车辆、行人的安全，又可使超越车辆超车顺利。如果前方有障碍物或其他情况，不具备让超条件时，而后车因视线受阻未能及时发现，要求超车时，不能盲目让超。

驾驶人计划超车时应先观察对向来车的状况以及距离，等有充分把握时再超车。同时，超车时切忌犹豫，不要超到一半又放弃，落入进退两难的地步。超车之前一定要观察好超车条件，能够保证万无一失时再迅速超越。

第四节　城市道路驾驶跟车方法

城市道路车流密度较大，跟车是最为常见的驾驶行为，在跟车过程中，严格控制车速是确保安全的根本措施，同时还要注意增加跟车距离，准备随时停车，防止追尾事故。

一、跟随外埠车辆谨防路口制动并线

随着经济的发展，不仅在北京、上海等一线城市人口流动性增强，许多

中等城市中外埠车牌车辆也随处可见。外埠车辆驾驶人对线路不熟悉，可能会随时停车问路，例如在发现临近城市快速路匝道入口的时候突然减速、变更车道欲驶入匝道，或者在城市快速路上快到出口时突然减速、变更车道欲驶出匝道（图 2–12）。同时，外埠车辆驾驶人因为长时间驾驶疲惫不堪，更容易忽略路边的提示信息，增大了交通事故的风险。

图 2–12　外埠车辆突然驶出城市快速路

驾驶机动车在城市快速路行驶时，驾驶人应该注意前方城市快速路的匝道出口和外埠车辆，预见性的降低车速并留出足够的安全空间，以防对方突然并线，横穿过本车道径直驶向匝道出口。

二、跟随出租车谨防前车突然停车

出租车突然制动、争分夺秒的特点导致其交通事故率较高。出租车驾驶人有时候可能因为车里乘客突然要靠边停车就紧急制动，有时候会因为看见路边有人招手打车就马上停车接人。由于出租车驾驶人大多熟悉路上电子监控的位置，快到电子监控的下方时出租车驾驶人可能突然减速防止被电子监控拍照，跟在其后面的车辆稍不注意就很容易发生追尾。

在城市道路跟随出租车行驶时（图 2–13），驾驶人要格外注意，保持安全车距，注意路边是否有人向出租车招手，尤其在乘客乘坐出租车频率较高的城市繁华路段或是有出租车专用上下客车位的区域，做好出租车随时会变更车道或是停车上下客的准备。如果有合适的时机最好在保证安全的前提下超越前方出租车。

图 2-13 城市道路跟随出租车行驶

三、城市道路驾驶远离大车

在交通流密集的城市路段，当驾驶人跟随大型车辆较近的时候，视线往往被大型车辆车身遮挡，而没有注意到远处的道路，也就意识不到前方已经快到十字路口。尤其是前方大型车辆在黄灯亮起阶段通过路口，驾驶人因为视线遮挡看不到信号灯的变化（图 2-14），很有可能直接跟随前车通过路口，很多人把这称之为“被闯红灯”。

图 2-14 前方大型车辆遮挡信号灯

一般来说，与前车的纵向安全距离应大于车辆 3s 内驶过的距离。在恶劣天气、道路或交通条件下驾驶时，纵向安全距离应增加 1s 以上。大型车辆由于其体型庞大，会严重遮挡驾驶人视线，尤其以城市道路上的双层公交车最为严重。如果前方有大型车辆导致视线不佳时，可以通过拉大跟车距离来保证自身的安全，如果驾驶环境允许，驾驶人应该选择安全的地点尽快超越前车，远离大型车辆。

第五节　城市道路驾驶转弯方法

驾驶人在城市道路驾驶机动车行驶中，需要经常改变车辆的行驶方向，因此，巧妙地运用转向盘，安全平稳的转弯，是驾驶人在城市道路驾驶必备的重要技能。

跟我来学《中华人民共和国道路交通安全法实施条例》

第五十一条　机动车通过有交通信号灯控制的交叉路口，应当按照下列规定通行：

（一）在划有导向车道的路口，按所需行进方向驶入导向车道；

（三）向左转弯时，靠路口中心点左侧转弯。转弯时开启转向灯，夜间行驶开启近光灯。

一、城市路口转弯提前选择导向车道

车流大的交通路口一般画有导向车道线，用来指示车辆在路口驶入段应按所指方向行驶，如图 2-15、图 2-16 所示。许多驾驶人不按导向车道行驶，即在左转车道上直行，在直行车道上左转，他们这样做，是想避免排队，快速通过路口。但是按照法律规定，机动车在进入实线车道后是不可随意变更车道的，就可能会被判定为不按导向车道行驶。

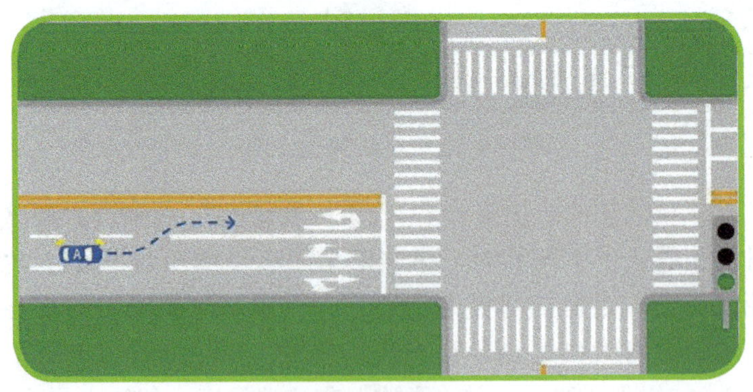

图 2-15　导向车道

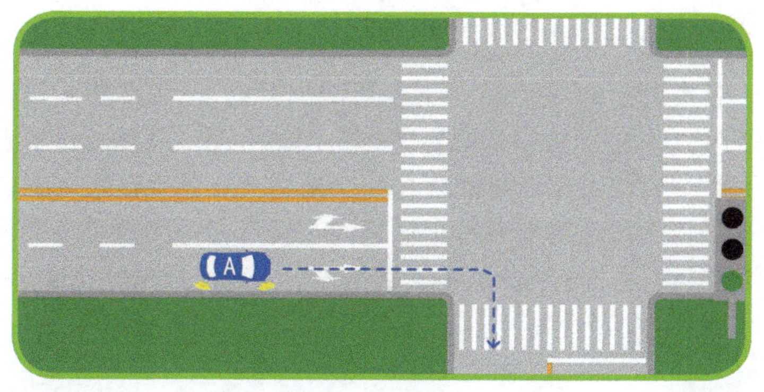

图 2-16 导向车道

不按导向车道行驶一直是公安机关交通管理部门查处的重点交通违法行为之一，查处数量远远高于超员、饮酒、无证驾驶等交通违法行为。机动车驾驶人应注意观察路面交通标线，提前进入正确的车道。

跟我来学《中华人民共和国道路交通安全法实施条例》

第五十一条 机动车通过有交通信号灯控制的交叉路口，应当按照下列规定通行：

（二）准备进入环形路口的让已在路口内的机动车先行；

（六）向右转弯遇有同车道前车正在等候放行信号时，依次停车等候；

（七）在没有方向指示信号灯的交叉路口，转弯的机动车让直行的车辆、行人先行。相对方向行驶的右转弯机动车让左转弯车辆先行。

第五十二条 机动车通过没有交通信号灯控制也没有交通警察指挥的交叉路口，除应当遵守第五十一条第（二）项、第（三）项的规定外，还应当遵守下列规定：

（一）有交通标志、标线控制的，让优先通行的一方先行；

（二）没有交通标志、标线控制的，在进入路口前停车瞭望，让右方道路的来车先行；

（三）转弯的机动车让直行的车辆先行；

（四）相对方向行驶的右转弯的机动车让左转弯的车辆先行。

二、明确交叉路口的优先通行权

作为一名负责任的驾驶人，通过交叉路口时，一定要明确路口的优先通行权（图 2–17），依照法律的规定通行，而绝不是“狭路相逢勇者胜”。车辆转弯时，不但要注意车辆可能存在的交通冲突，还要观察周围非机动车和行人的动态。急于抢在对向直行车辆之前左转弯通过路口是不对的，前方人行横道上可能会有通行的行人影响交通安全，容易造成道路交通事故。

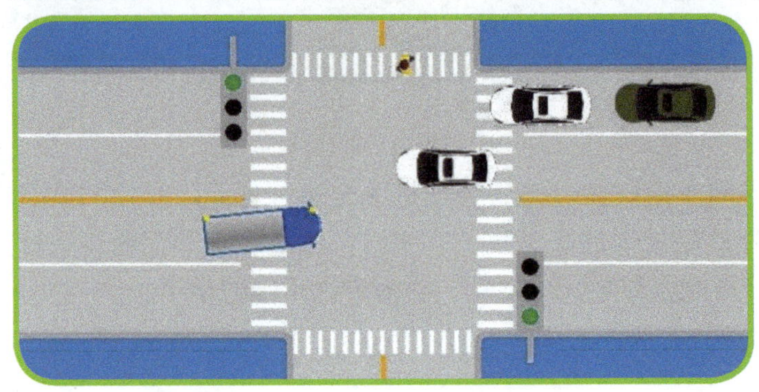

图 2–17　明确交叉路口优先通行权

跟我来学《中华人民共和国道路交通安全法》

第四十七条　机动车行经人行横道时，应当减速行驶；遇行人正在通过人行横道，应当停车让行。

机动车行经没有交通信号的道路时，遇行人横过道路，应当避让。

跟我来学《中华人民共和国道路交通安全法实施条例》

第三十八条　在未设置非机动车信号灯和人行横道信号灯的路口，非机动车和行人应当按照机动车信号灯的表示通行。

红灯亮时，右转弯的车辆在不妨碍被放行的车辆、行人通行的情况下，可以通行。

三、城市路口右转弯要避让行人和非机动车

现实中的城市道路上，右转车辆和行人“抢道”而导致的交通事故并不

在少数。虽然法律规定行人有优先于车辆的通行权，但是许多驾驶人仍然置若罔闻，通过抢行、鸣笛警示的方式逼停行人，因此导致了道路交通事故，驾驶人需要承担一定的责任，将自己置于非常被动的局面。右转弯车辆遇行人和非机动车时应对其让行，如图 2-18 所示。

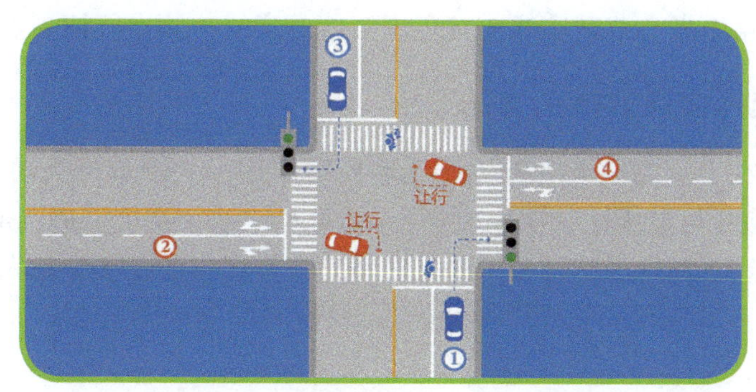

图 2-18　右转弯车辆遇行人和非机动车

即使驾驶人在右转弯时没有看到行人，也有可能会有非机动车、行人贸然闯入车辆的内轮差区域，或是在窄路口转弯时，路边停放的车辆或高大建筑物等挡住了盲区内的行人或非机动车，驾驶人应该放慢速度，谨慎驾驶。

第六节　城市道路驾驶掉头方法

驾驶人在驾驶过程中，都有可能不小心错过路口，此时就需要掉头重新规划行驶路线。驾驶人都非常清楚有禁止掉头标志的路口不可以掉头，除此之外，还应该注意铁路道口、人行横道、桥梁、急弯、陡坡、隧道等地点也不可以掉头。

跟我来学《中华人民共和国道路交通安全法实施条例》

第四十九条　机动车在有禁止掉头或者禁止左转弯标志、标线的地点以及在铁路道口、人行横道、桥梁、急弯、陡坡、隧道或者容易发生危险的路段，不得掉头。

机动车在没有禁止掉头或者没有禁止左转弯标志、标线的地点可以掉头，但不得妨碍正常行驶的其他车辆和行人的通行。

一、城市道路掉头不得影响其他交通参与者

机动车掉头时，首先应注意道路交通标志标线，选择允许掉头、交通量小、不妨碍其他车辆和行人正常通行的地点进行。不应在桥梁、隧道、涵洞、铁路交叉道口及设置有禁止掉头标志标线、禁止左转标志标线的地点掉头，更不应在道路施划有双黄实线或黄色虚实线的实线一侧进行掉头。

二、选择合适的掉头方法

驾驶人在十字路口或者较宽阔的路段可采用一次顺车掉头的方法，如果马路宽度不够，可能无法一次完成掉头，可采用二进一退或三进二退（图 2-19）掉头的方法。车辆向后倒过程中必须注意后方盲区中的车辆和行人。

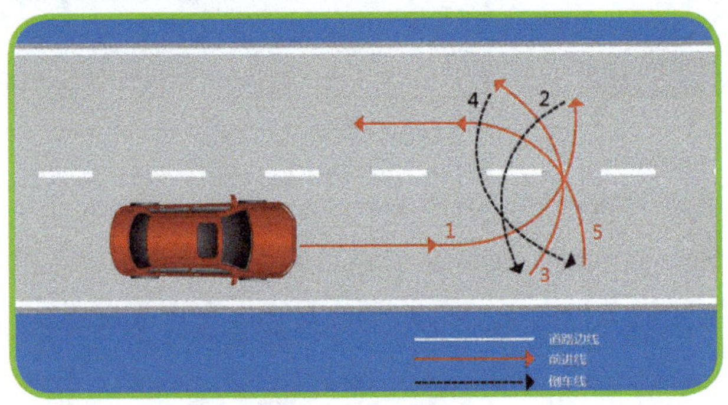

图 2-19　三进二退掉头方法

第七节　城市道路驾驶倒车方法

所有的车辆向后运动都属于倒车。除了在倒车入库过程中，其他交通参与者对驾驶人的倒车行为有预期之外，正常的道路行驶过程中，一般驾驶人都会默认前车会向前行驶，因此驾驶人在道路上不得轻易倒车，倒车之前一定要提前做好观察。

跟我来学《中华人民共和国道路交通安全法实施条例》

第五十条　机动车倒车时，应当察明车后情况，确认安全后倒车。不得在铁路道口、交叉路口、单行路、桥梁、急弯、陡坡或者隧道中倒车。

一、倒车提防车后玩耍的儿童和宠物

在驾驶室内，驾驶人除了直接观察和通过后视镜能观察到的地方外，还有一些区域视线达不到，这些区域就是盲区。与驾驶车辆前行相比，倒车时操作难度较大，还要警惕盲区内的潜在风险，为了避免事故的发生，此时可以适当地转头直接观察。大型汽车视觉盲区如图 2-20 所示。

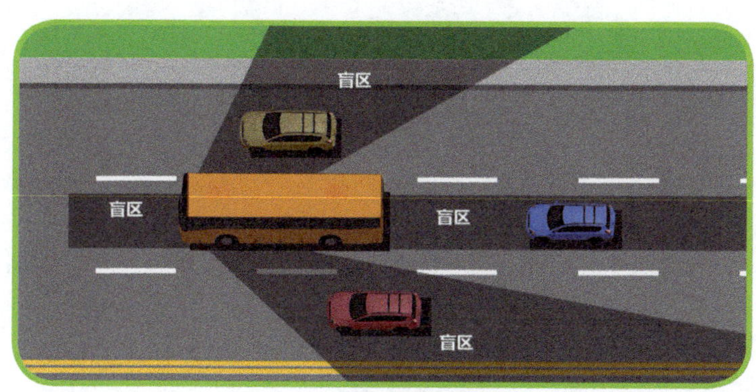

图 2-20　大型汽车视觉盲区

一般来说，在日常行车中应尽量避免倒车，确需倒车时，如果是驾驶人独自驾驶，尽量先下车到车辆后方查看盲区内是否有人员和其他障碍，确保没有潜在危险。尤其在小区等可能有孩子、宠物或老人在车辆周围停留的路段，尤其是儿童个头小，处于盲区时不易被发现，即使儿童看到了车辆的倒车灯开启，他们也可能根本不知道那些白色灯光是什么意思，容易被撞倒甚至碾压，如图 2-21 所示。

图 2-21　倒车时注意车后视觉盲区

二、驶出停车位避免剐蹭其他车辆

在停车场内准备驶出车位时，驾驶人除了应该注意来自后方的危险，同样需要注意来自前方的危险，因为在倒车的过程中，车辆前方同样可能发生碰撞。倒车驶出停车位或者在转弯处倒车时，车头会摆出来，容易剐蹭两侧车辆，或是不小心撞到车辆后方的非机动车和行人。

第三章　城市交通场景潜在风险预判

所有道路都是由路口和路段两部分构成，受城市规模、城市空间结构以及城市土地使用性质的影响，城市道路具有综合一体化、立体化、高效率的典型特征。与乡村道路、城市快速路的交通不同，城市交通环境更为复杂，机动车流量大、线路密集，有些比较特殊的地点需要驾驶人注意，比如公交车站、学校路段、机关单位附近等等。除此之外，城市道路驾驶如何安全停车对于很多驾驶人尤其是新手驾驶人和外埠车辆驾驶人来说也非常重要。

第一节　城市路口驾驶潜在风险

城市道路的路口可分为平面交叉路口和立体交叉路口两大类。在平面交叉路口往往机动车、非机动车和行人交织在一起，是城市道路驾驶危险因素最多的地方之一，也是城市交通阻塞路段、交通事故多发地段。与平面交叉路口相比，立体交叉路口是一个相对封闭的环境，通行效率高，不存在机动车和非机动车混行的情况，因此潜在交通风险较少。无论哪种类型交叉路口，驾驶机动车通过时，都要注意减速观察，遇到不礼让或抢行者时也要保持平和心态，不赌气、不斗气。

一、平面交叉路口驾驶潜在风险

（一）有交通信号灯的交叉路口潜在风险

道路交叉路口机动车之间、机动车与非机动车、行人之间的冲突所引发的交通事故在所有城市交通事故中占了相当大的比重。虽然交通信号灯能够给冲突的交通流分配有效的通行权，有效提高道路交通安全和道路容量，但是在配有交通信号灯的交叉路口，事故仍然多发。在通过城市道路平面交叉路口时机动车驾驶人要防范的风险主要有：

①等待信号灯放行时不能放松大意，防范后车追撞；

②绿灯亮起时不要着急起步，要防范突然蹿出的行人；

③绿灯亮起通行时要时刻注意周围车辆的动态。

1 路口前等红灯莫大意

在繁忙的交叉路口作为头车等待交通信号灯放行时，大部分驾驶人会认为比较安全，放松了警惕，殊不知危险可能正悄然临近（图 3–1）。在交叉路口等红灯时可能有以下几种险情：

①后方来车可能会因各种原因而追撞己车，一旦被追尾或发生意外，驾驶人通常无法立即做出避让等应对措施。如果是在铁路道口被追撞，则更加危险；

②当路口稍有坡度时，前车在起步时也可能会溜车，如果后车跟车太近则有可能发生碰撞事故。

图 3–1 路口等红灯注意安全

为了防止上述险情的发生，建议在交叉口前停车等待交通信号灯放行时，距离停车线或者与前车之间保持一个车身距离，避免己车被追尾后追撞前方车辆或者行人；跟车排队等候时也不要距前车太近，同时也要时刻关注周围车辆动向，如图 3–2 所示。

❷ 红灯变绿灯时勿着急起步

城市交叉路口情况复杂，交通信号灯未必能约束所有交通参与者的行为，在城市交叉路口，当交通信号灯由红变绿，己车准备起步前应先进行安全确认，预防相交的道路上可能有未通过或抢行的车辆或行人；与其他车辆（尤其是大型车辆）并排停车时，两侧车辆前方可能形成盲区，此时可能会有行人（尤其是行动缓慢的老人、儿童或行动不便的残疾人）、非机动车正在通过，驾驶人一定要确认安全后再起步通过，不仅要关注正前方的交通情况，更要兼顾两侧情况（图 3–3）。

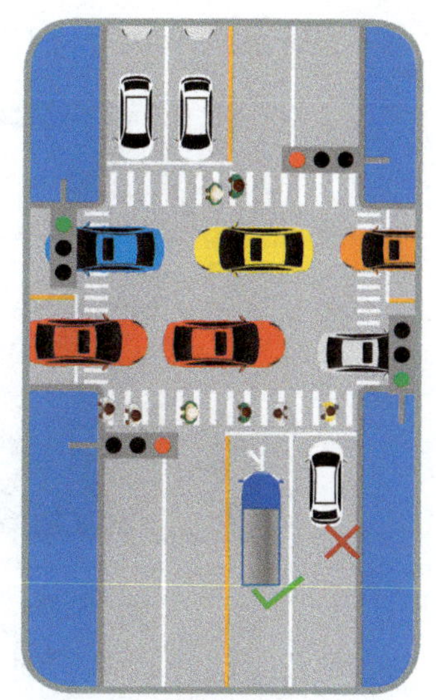

图 3–2 与停车线保持安全距离

图 3–3 注意客车前方行人

❸ 绿灯通行不一定安全

城市道路繁忙的交叉口前通常设有导向车道，直行、左转、右转车辆各行其道，互不干扰，但是在接近绿灯亮起的路口时，驾驶人也应预测到可能有以下几种险情发生：

①前方可能会有非机动车、行人违法横穿马路；

②前方车辆可能会突然变更车道，准备转弯或掉头；

③两侧的车辆可能因路线错误，突然变更至自己车道（图 3–4），或者有其他后车加塞通行；

④对向准备左转弯的车辆可能会占用部分直行车道或强行左转；

⑤右侧车道有车辆等待右转时，其后侧车辆可能突然向左变更车道。

图 3–4　绿灯亮起注意其他车辆变更车道

驾驶人应该特别留意到右转和直行车道中突然亮起了左转向灯的车辆（图 3–5）。交叉路口绿灯时，只代表机动车此时拥有通行权，并不意味着路口没有安全风险，也就是说绿灯并不能改变交叉路口处固有的危险性质，其他方向的红灯也无法约束所有交通参与者的行为。绿灯通行时一定要密切关注周围车辆动态，一旦有车辆出现异常情况或强行转弯，提前观察可以避免碰撞。

图 3–5　小心其他车辆突然左转

（二）无交通信号灯的交叉路口潜在风险

城市道路部分路段没有设置交通信号灯和标志标线，通常这样的交叉路口机流量较少，但是也存在很多隐藏的危险因素，一些驾驶人驾驶通过这样的路口时以为没有什么危险，便放松了警惕，其实不然。通过没有交通信号灯的交叉路口更要防范机动车、非机动车或行人不防备、不减速、不观察，径直通过，以及本应让行的车辆加速抢行。

❶ 无信号灯路口要减速观察

没有信号灯控制的交叉路口非常复杂，如图 3–6、图 3–7 所示，驾驶人也许会惊讶地发现，左侧车道前方的车辆进入路口后，在没有打转向灯的情况下向右转弯，又或者更远处左侧道路上的重型载货汽车径直地冲入路口，对己车和左侧的小型汽车安全构成威胁，每位驾驶人都应该提前预测和防范这些可能发生的突发情况。

图 3-6 无信号灯路口减速观察

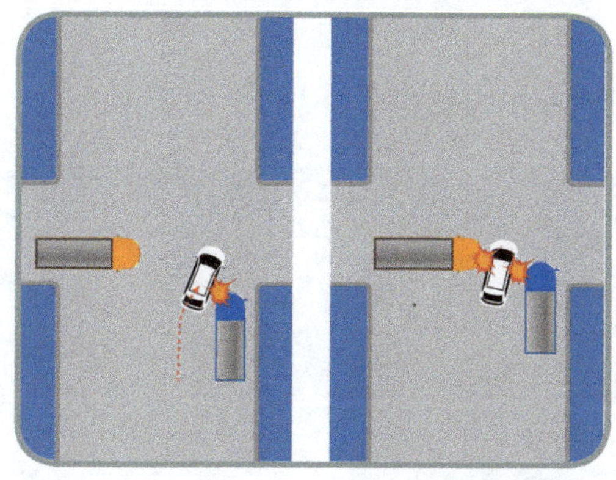

图 3-7 无信号灯路口小心左侧重型载货汽车冲出

❷ 无信号灯路口让行

有些交叉口既没有交通信号灯，也没有交通标志标线，在没有交通警察指挥时，进入路口前要停车瞭望，并严格遵守让行原则：

①让右方来车先行（图 3-8）；

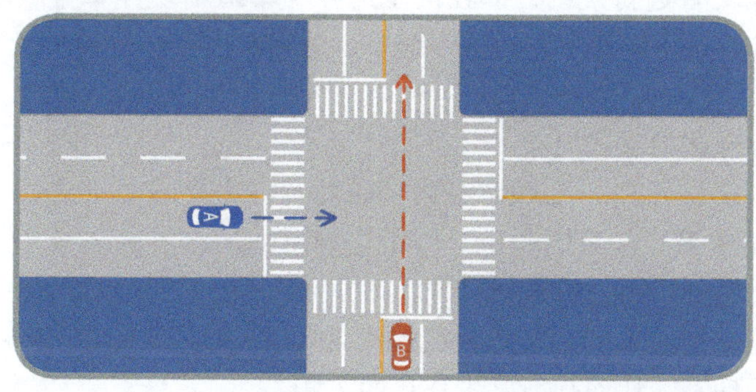

图 3-8 右侧车辆先行（B 车先行）

②左转时让对向直行车辆先行（图 3–9）；

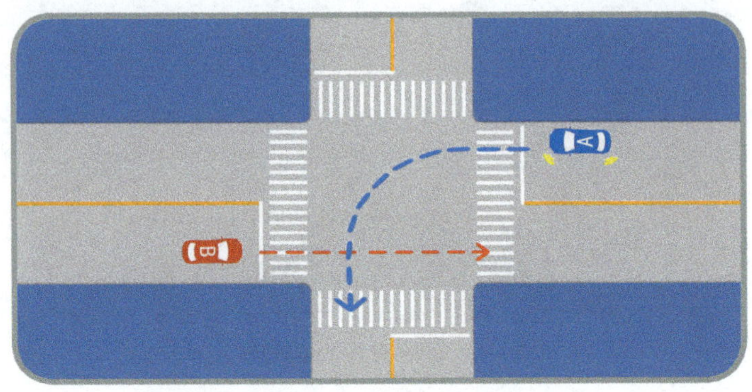

图 3–9　左转时对向直行车辆先行（B 车先行）

③右转时让迎面驶来的左转弯车辆先行（图 3–10）；

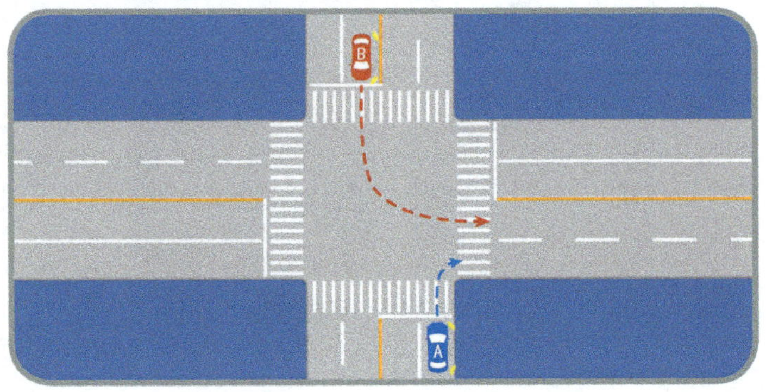

图 3–10　右转时迎面驶来左转车辆先行（B 车先行）

④车道变少路段的通行也可视为无信号灯的交叉路口，此时驾驶人要注意礼让，遵守交替通行规则，即在两车道并一车道出现停车排队等候或者缓慢行驶时，右边过一辆车，左边过一辆车，然后右边再过一辆车，反复交替，有序行进。

（三）环形路口潜在风险

环形路口俗称环岛，是城市道路交通具有代表性的场景之一，其作用是减少车辆行驶冲突。环岛同时也是城市交通事故最多发的场景之一。车辆通过环岛可能会遇到以下几种危险情况：

①最内侧车道的车辆有可能突然减速或变道为驶出环岛做准备；

②可能遇到不礼让而强行驶入环岛的车辆。

❶ 警惕内侧车道车辆突然变道

如图 3-11 所示，驾驶人在环岛内正常行驶，此时需要注意，左前方内侧车道的红色汽车虽然没有开启转向灯，但是从车头和车轮的角度判断，它正要向右变更车道，并且很有可能连续变更车道插入到本车前方，如此势必会导致本车紧急制动，如果本车的驾驶人没有预测到这个险情，很有可能会发生追尾事故。驾驶人还应注意，车辆驶离环岛时应该预先观察准备驶入道路的情况，开启右转向灯、观察后视镜，确认安全后再驶离环岛。

图 3-11　警惕内侧车道车辆突然变道

❷ 进入环岛车辆要让行

驾驶人驾驶车辆准备进入环岛时必须让已在环岛内行驶的车辆先行（图 3-12）。这意味着驾驶人必须减慢车速，且在必要时停车以避免相撞。

图 3-12　进入环岛注意让行

二、立体交叉路口驾驶潜在风险

城市道路的立体交叉路口主要是指城市重要交通交汇点建立的上下分层、多方向行驶、互不相扰的现代化陆地桥，也就是立交桥。立交桥有助于解决交叉路口交通拥堵状况，提高通行效率，是城市交通中特有的交通场景。立交路口上各个方向车流互不干扰，可以减少或避免原来平面交通中不同方向或类型车辆的冲突提高效率，保障安全。

（一）进入立交桥潜在风险

1 提前观察防走错

城市立交桥道路纵横交错，有的立交桥交通标志和标线设置不清晰，有些立交桥还会连续出现岔路，车辆在快速行驶当中，驾驶人很有可能来不及辨识接连出现的众多交通标志和标线。因此驾驶人应注意及时观察道路交通标志标线，在接近立交桥岔路口时应适当减速，如有必要可以借助导航装置。城市立交桥上车流量大，车速较快，驾驶人切勿在岔路口处停车察看交通标志和导航，否则极易引发后车的追尾事故。

2 匝道尽快加速通过

立交桥入口是也是事故频发的路段。很多人都认为进入匝道时速度应该放慢，其实不然：在匝道上时速度过慢更容易引发碰撞事故，速度差越大，发生碰撞的后果越严重，因此在匝道上尽快将车速提高到法律规定的行驶速度。

（二）通过立交桥潜在风险

城市立交桥连接是高速路、城市主干道和快速路，道路全都由多条车道组成，车流量很大，车辆通过立交桥时车速通常较快，变道增多，在岔路口和车辆汇入处时常会发生交通事故，需要注意的是，这类交通事故往往是由于在岔路口或者匝道口驾驶人突然发现即将错过出口紧急变道引起的。驾驶人在立交桥上行驶过程中，遇其他从入口汇入的车辆时应注意避让。通常情况下，在即将通过立交桥的岔道前驾驶人都能够看到道路指示标志，驾驶人注意观察，选择相应的车道，此时可借助导航提示，不要邻近岔道口才停车观看路标，也不要在立交桥上频繁变道，否则将面临于后车发生碰撞的危险。

（三）驶出立交桥潜在风险

1 错过出口不要倒车、逆行

为避免错过路口或者过早驶出立交，驾驶人需要注意观察，确定出口位置。如果对城市道路十分陌生，应在通过立交之前打开导航，借助导航提示适当减速通过立交。立交桥连接的是能够实现连续通行的城市快速路或者城市主干道，交通环境相对封闭（图 3–13），在这种环境下倒车或者逆行轻则造成严重拥堵，重则可能导致连续的追尾或碰撞。因此驾驶人在通过立交桥时一旦错过路口或者走错方向，千万不能停车或者倒车，应继续按照当前的道路行驶，在下一个路口驶出立交桥。

图 3–13　立交桥环境封闭

❷ 匝道注意减速慢行

匝道是连接主干线和辅路，出入城市快速路、高架道路等的连接线，车辆通过匝道时道路变窄，环形匝道往往会出现急转弯和坡道，匝道严禁超车。驾驶人在出口匝道应减速行驶，如果此时车辆速度过快，车载过重，则很容易发生侧翻事故。

第二节　城市路段驾驶潜在风险

城市道路的路段主要分为开放性路段和非开放性路段。开放性路段没有对出入口和通行车辆进行严格控制，易有行人、非机动车、摩托车闯入，城市道路中常见的开放性路段主要包括次干路和支路。非开放性城市路段则对出入口和通行车辆类型实行严格管控，是一个相对封闭的交通环境，主要包括城市主干道，如快速路和环路。

一、开放性路段驾驶潜在风险

（一）一般道路留意机动车和非机动车混行

机非混行的一大特征就是非机动车和行人运动的随意性和突然性，一旦疏于观察就容易陷入交通冲突。这就要求驾驶人对整个交通环境进行全面扫视，而不是仅仅盯着眼前有限的区域，缺乏足够的前视距离或只观察车前骑车人的动态，会忽略其他的重要交通信息，而其他交通信息可能会引起骑车人的骑行状态发生改变，导致驾驶人措手不及。

（二）一般道路夜间驾驶利用灯光克服视觉障碍

夜间行车，最大的问题就是视觉障碍，驾驶人视线受阻，视野变窄，不易辨清前方道路情况。面对潜伏在黑夜里的各种危险，一定要充分利用灯光来观察道路情况，综合利用灯光和喇叭让他人注意到自己并告知他人自己的行驶意图。

夜间路段，车辆通常较少，但城市道路两侧多有商业区，这些路段上随时出入的行人会给驾驶人的行车带来了影响。狭窄的道路上原本正常行驶的自行车很有可能为了避开迎面骑过来的自行车选择向驾驶人所在的车道内骑行，如果驾驶人没有准备，就容易发生事故，如图 3–14、图 3–15 所示。

图 3–14　夜间驾驶注意非机动车

图 3–15　夜间商业区驾驶注意避让非机动车

夜间驾驶，很多驾驶人认为没有警察监管，可能存在侥幸心理，出现违法行为，如闯红灯、酒后驾驶、超速行驶、疲劳驾驶等。但是，由于夜间驾驶人受光线影响视力下降、视野受限，受生物钟的影响易疲劳更容易发生交通事故，所以夜间驾驶更应提高警惕，不要以为没有警察上路执勤就故意违法，这样会危及所有交通参与者的安全。

（三）城市单行线驾驶防止逆行

单向交通简称单行线，是指道路上的车辆按一个方向行驶的交通组织形式。单行线能够大大提高城市道路利用率，提高车流速度和车流量，是解决城市交通拥堵最有效、最广泛的措施之一。城市单行线避免了对向交通，车辆不会在车道中心线与对向车辆发生正面冲突，在交叉口处减少了车流的交织、汇合，提高了车辆的运行速度，但是单向行驶并不意味着绝对的安全，也存在一定的风险和限制条件，驾驶人在单行线需要注意观察交通标志防止逆行，同时还要避开公交车道、非机动车和行人。

1 观察标志防逆行

每条单行线路的右侧一般都有单行标志和限速标志，驾驶人要注意观察前方道路是否是单向行驶。为了缓解交通压力，部分城市路段有单行的时间限制，并非全天限行，一般在早高峰和晚高峰时段部分路段规定单向行驶，因此驾驶人要注意观察交通标志。

如果驾驶人未能观察到单向行驶标志，逆行进入单行线，此时不应再继续行驶，应在确认安全的情况下立即调头驶出。在单行线路上逆向行驶可能引发严重的交通拥堵，还有可能与迎面车辆发生碰撞。如果对道路不熟悉，不确定当前道路是不是单行线，在观察道路两旁的交通标志同时，还可以观察来往的车辆是否朝同一方向行驶。禁止驶入标志与单行线标志见图 3–16、图 3–17。

图 3–16　禁止驶入

图 3–17　单行线

② 避开公交车道

公交车上路行驶具有优先通行权，对公交专用车道上具有专有使用权。城市单行线上有时会划分公交专用车道，公交专用车道一般会标志标线标明限行时间，其他车辆占用公交车道属于交通违法行为。在避让公交车道时应注意观察周围路况，确保安全。

③ 避让非机动车和行人

城市单行线一般设置在学校、医院、政府部门等区域附近。特别是在医院、学校附近路段，通常机动车、非机动车和行人混杂，驾驶人一旦疏于观察就容易陷入交通冲突。因此通过这些区域的单行线时应集中精神，按照单行线限速标志提示的速度行驶，谨防行人、自行车突然闯入，或者路旁停靠的车辆突然起动（图 3–18）。

图 3–18　通过单行区域避让行人和非机动车

（四）夜间坡道行驶注意暗处交通情况

一些山区城市受地形限制，坡道数量多，坡度大，有些道路既是坡道又是弯道，路况复杂，夜间通过时一定要减速慢行，注意观察。

夜间驾驶通过城市道路的上坡路段，受灯光照射所限，往往看不清上坡路段的交通情况，通过交叉路口时，驾驶人应注意观察灯光明暗交界处暗处的情况，注意观察是否有非机动车和行人。

在下坡和上坡的连接处，灯光的照射范围会变短，对远处的交通情况不好判断，当突然发现情况时，很可能已来不及采取有效措施，所以在这种情况下，驾驶人应该有意识地注意观察暗处的交通状况，这些都是在夜间行车照明不良的情况下预防意外发生的有效办法（图 3–19）。图 3–20 所示为平坦路面与下坡路段尽头处灯光照射范围的差异。

图 3-19 注意上下坡连接处交通状况

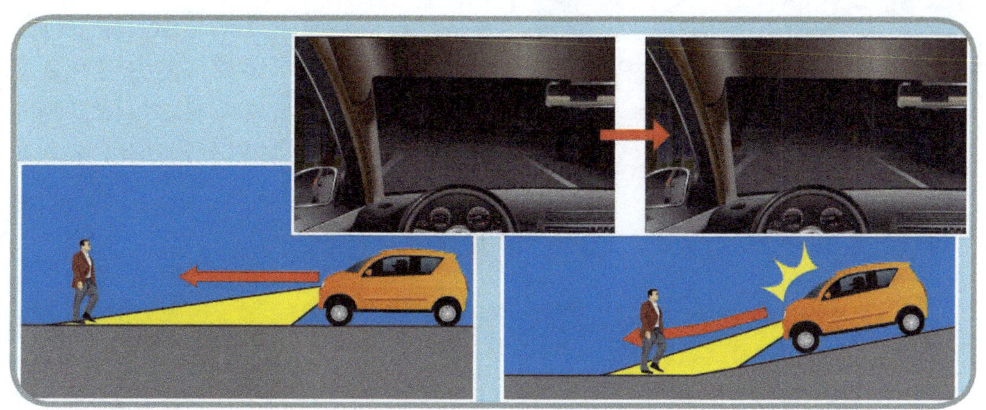

图 3-20 平坦路面与下坡路段尽头处灯光照射范围的差异

二、非开放性路段潜在风险

城市快速路、环路是城市道路交通代表性的交通场景之一，为长距离交通服务，联系市区各主要地区、主要近郊区、卫星城镇和主要对外公路。快速路和环路能够实现连续通行，通行效率较高，车流时速较快，要求驾驶人在相对较短的时间内处理更多的信息，做出更快的决策。城市快速路和环路的特点是对全部出入口进行严格控制，因此驾驶人要注意实时观察道路标志标线，对潜在危险进行预判。

（一）进出主路警惕车辆突然变道

在邻近城市快速路的出入口时驾驶人要警惕对路况不熟或是因分心驾驶导致错过出口的车辆突然减速变道（图 3-21）。

（二）通过主路留意侧向车辆动态

在城市快速路跟车行驶时保持车距非常重要，但车距并不能消除相邻车

图 3-21 进出主路警惕车辆突然变道

道内车辆变更车道带来的安全隐患。原本行驶在左侧的车辆可能突然从本车前方插入到本车所在的车道，如果驾驶人没有注意到该侧向车辆的转向灯，很容易发生碰撞——更严重的是，后车还可能由于己车的突然制动而发生追尾。他车突然变更车道、连续变更车道在城市快速路上经常会遇到，除了个人驾驶习惯问题以外，大多是由于驾驶人在临近出口没有提前驶入外侧车道。高速行驶中只要保持好跟车距离，前方遇有紧急情况一般都能够从容应对，反倒是侧向车辆的异常状态需要驾驶人格外留意（图 3-22），特别是在城市快速路的出入口区域，一定要提前观察周遭情况，做好减速准备。

图 3-22 留意侧向车辆动态

（三）驶出主路禁止停车、倒车或逆行

在城市快速路错过出口切不可停车、倒车（图 3-23），这样会造成后车判断失误，极易发生追尾、侧碰等事故，后果非常严重。驾驶车辆错过出口，可以继续向前行驶至立体交叉桥上掉头，或者在下一出口驶离。如果提前驶离城市快速路也不可在减速车道上返回，可在驶离快速路后重新进入快速路。

图 3-23 错过出口不可倒车、逆行

（四）出入收费站警惕加塞

有的城市快速路、环路通行需要收费，收费口附近车流密集，但车速较慢，通常不会出现严重的交通事故。但是，这种交通流特点往往使驾驶人容易放松警惕，当车辆在收费口排队等待时，驾驶人倾向于自动跟随前车行进，同时会有接打电话或者聊天等行为，对周遭情况疏于观察（图 3-24）。日常行车中驾驶人需要时刻观察，集中精神，提前预判，才能把险情消除于无形之间。

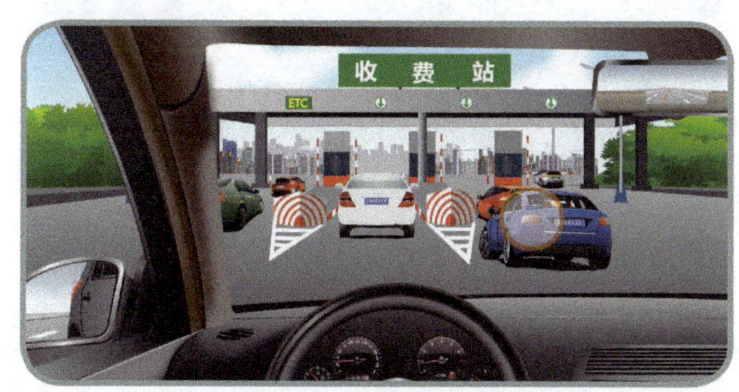

图 3-24 驶入收费站注意安全

第三节 城市道路特殊地段驾驶潜在风险

学校、公交车站、胡同窄巷和人行横道是城市交通中比较常见也比较特殊的场景。这些场景车辆和人流比较集中，人车冲突较多，车辆和行人会面临一些突发性的危险，需要驾驶人保持高度警惕，谨慎驾驶。

一、城市公交车站潜在风险

公共交通是大众化、集约化的运输方式，是保障城市交通乃至社会经济稳定的重要基础。作为城市中分布范围最广最密集的交通配套设施，公交车站每天的吞吐量非常大。与此同时，机动车驾驶人在公交车站附近发生事故或违法行为的数量也同样不容忽视。城市公交车站潜藏着诸多交通风险，需要防范的风险主要有：

①避开公交专用道；

②超越进站车辆需谨慎；

③公交车站及其附近不得停车。

（一）避开公交专用道

公交专用道上有明显的标志标线，除指定车辆外，其他车辆不得于规定时间在公交专用道上通行（图 3–25）。占用公交车道属于交通违法行为，只有在紧急情况下可以使用，例如为救护车等执行公务用车让路。

图 3–25　禁止占用公交专用道

跟我来学《中华人民共和国道路交通安全法》

第三十七条　道路划设专用车道的，在专用车道内，只允许规定的车辆通行，其他车辆不得进入专用车道内行驶。

（二）超越进站车辆需谨慎

公共汽车站等候的乘客较多，停靠的车次也多，乘客上下车时经常会出现从车前、车后横穿道路或从远处追赶停在车站的公交车等情况。为了安全应对这些复杂多变的情况，驶近公交车站时驾驶人应提前减速慢行，仔细观察情况，提防行人、乘客突然出现。

驾驶车辆跟随公交车行驶时，应时刻关注公交车的状态，避免跟车距离太近引发追尾事故。超越停靠在公共汽车站的公交车时，应注意保持较大的横向安全间距。尤其是超越刚起步的公交车时，应随时做好减速停车的准备，防止行人从公交车前跑出，发生碰撞（图 3–26）。

图 3–26　小心行人从公交车前冲出

（三）公交车站禁止停车

城市道路上停车位数量有限，有些驾驶人为图方便会把车辆长时间停放在公交车站及其附近，甚至有些驾驶人为了方便己车乘客上下车会在公交车站随意停靠。公交车辆无论是长度、宽度还是高度都比一般车辆大，转弯不够灵活，如果车辆在公交车站停靠，势必会阻碍公交车辆进站停靠，给乘客上下车带来不便，增加与其他停靠车辆发生剐蹭碰撞的危险。

《中华人民共和国道路交通安全法实施条例》规定，公共汽车站、急救站、加油站、消防栓或者消防队（站）门前以及距离上述地点 30m 以内的路段，除使用上述设施的以外，不得停车，如图 3–27 所示。

图 3–27　公交车站禁止停车

二、学校附近和校园内潜在风险

城市学校附近交通时限特征突出，在上学和放学时段儿童、普通行人、机动车、非机动车混杂，交通情况复杂。儿童不具备辨识危险和自我保护的能力，机动车驾驶人驾驶车辆行至学校附近或有注意儿童标志的路段时，一定要及时减速，注意观察道路两侧或周围的情况。城市学校区域路段需要防范以下方面的危险：

① 避让横过马路或路边的学生；

②减速慢行，留意学校附近车辆。

（一）避让学生和行人

儿童天性活泼，不具备辨识危险和自我保护的能力，极有可能在道路附近追打玩耍。驶近学校或校车时，驾驶人要时刻提防横过道路的学生（图 3–28）。

在上学或放学时段，学校附近聚集大量接送孩子的家长，驾驶人应随时准备避让。看到有成年人携带书包、气球等一类物品，驾驶人应马上减速或停车，并左右观望，因为极有可能突然有学生从车辆的两侧出现跑向成年人。

图 3–28　学校区域避让儿童

（二）留意学校附近车辆

首先在学校门口或者附近路段不能随意乱停车，在学生上下学时段接送车辆非常多，随意停车经常会早成拥堵，给交通带来不便。其次，驾驶人在学校附近要留意接送学生的电动车或摩托车，以及骑自行车上下学的学生。学生交通安全意识不强，他们可能为了赶时间随时停车或者横穿道路。

三、居民区胡同窄巷潜在风险

城市中大部分居民建筑为高层住宅，但是仍有一些区域保留了胡同、窄巷这样的传统建筑。胡同窄巷道路狭窄，岔道较多，各种商铺沿街营业，且区域内行人、自行车、电动车出没频繁，给道路交通增加更多的不确定性因素。驾驶机动车通过胡同、窄巷路段时驾驶人需要注意防范行人和车辆，窄路行驶谨防会车冲突。

（一）减速慢行多避让

胡同窄巷中纵横曲折，岔道较多，道路狭窄，机动车通行不便，因此居民常使用自行车、电动车等代步工具。驾驶机动车通过城市中的胡同窄巷时务必要减速行驶，注意观察可能随时从胡同路口蹿出的行人，以及行动缓慢的老人。路边商铺沿路而设，顾客跨门而出就能置身道路中间，有时候来不及观察来往车辆，这就需要驾驶人降低车速，认真观察，提前预判，避让行人和非机动车辆，必要时可以使用喇叭进行警示。

（二）谨防会车冲突

部分胡同窄巷道路过于狭窄，只能允许单辆机动车通行，如果此时遭遇会车冲突，车辆没有让行的操作空间，强行会车极有可能发生剐蹭事故，甚至危害行人安全（图 3–29）。

当道路的宽度相对较大，能够满足机动车会车的空间要求时，驾驶人需要注意路旁停放的车辆。驾驶人在胡同窄巷里停车还要注意观察禁止停车标志、单向行驶标志以及车辆停放的朝向，尽量与前方路旁停放车辆的朝向保持一致，避免起动时的会车冲突和窄路调头的危险。

图 3–29　胡同窄巷谨防会车冲突

四、人行横道潜在风险

城市道路人行横道上各种机动车、非机动车和行人的通行方向、速度不同，是人车冲突多发地段，尤其是行人行动随意性、突然性大，驾驶人要时刻谨记，交通信号灯未必能约束所有交通参与者的行为，特别是在早晚高峰时段。通过人行横道时，驾驶人需要注意以下潜在危险：

①人行横道可能有抢行的行人和行动缓慢的老人；

②很多驾驶人在通过交叉口时都只关注着前方，忽视道路两侧的路面状况。

（一）减速避让行人

驾驶车辆接近人行横道时，应提前减速观察，随时准备停车礼让，高峰时段需要提防赶时间抢行的行人。通过居民区附近的人行横道时驾驶人要耐心等待行动缓慢的老人（图 3–30）。

通过人行横道时，驾驶人注意降低车速，反复观察人行横道左右两侧是否有行人、非机动车通行。当人行横道灯由绿灯变为红灯时，驾驶车辆通过前应注意人行横道上是否有还未通过的行人。

图 3–30　通过人行横道减速避让行人

（二）通过路口多扫视

城市道路中有些路口的人行横道没有设置交通信号灯，仅设置了交通标线。由于没有交通信号灯的控制，行人和非机动车车辆随时可能出现在人行横道上，因此通过这些人行横道时，驾驶人更要减速，仔细观察道路两侧（图 3–31）。夜间的人行横道光线较差，驾驶人难以观察到道路两侧的情况，因此驶近人行横道时，应提前观察扫视，至少应在距人行横道 250m 之前观察周围的信号灯、车辆、行人、建筑物等任何有可能的安全隐患。

图 3–31　通过没有信号灯的路口多扫视

第四节　城市道路停车潜在风险

一、城市路边停车潜在风险

路边停车可以充分利用城市道路空间，占地空间小，建设费用低，可以满足短时停车的需要。路边停车多为短时间停车，因为城市中路边停车会降低道路通行能力，还容易引起交通事故。为避免乱停乱放的现象，给出行带来不便，路边停车应注意以下几个方面：

（一）路边临时停车选择正确的停车地点

在城市道路设有禁停标志、标线的路段以及法律规定的其他禁止停车路段，驾驶人不得停车。在允许临时停车的路段，驾驶人不能离开车辆。车辆需要路边停车时，应选择有停车位标线的地方停车。为了保证自身车辆的安全，避免与前后车辆发生碰撞，停车时车辆应停放在车位标线以内。

《道路交通标志和标线 第3部分: 道路交通标线》(GB 5768.3—2009) 规定: 黄色网格线，用于标示禁止以任何原因停车的区域，是需要划设于易发生临时停车造成交通堵塞的交叉道路、出入口及其他需要设置的位置，即在禁止因为任何原因在黄色网格线内停车。黄色网格线一般分布在出入口的位置，城市道路中，黄色网格线的分布地点主要有军事场所、政府机关、消防站等。这些地点比较特殊，随时会有紧急车辆出入，驾驶机动车通过这些地点时需要留意，不得在上述地点停车（图 3-32）。

图 3-32　消防通道禁止停车

（二）坡道停车拉紧驻车制动器操纵杆防止溜车

受城市地形限制，路边停车位可能恰好位于坡道，此时路边停车时需要注意两点，一是停车入位是要慢，留意前后停放车辆，车辆停稳后务必拉紧驻车制动器操纵杆（图 3–33）；如果车辆时长时间停车并且条件允许的情况下，应用砖头或者其他类似物体放在车轮后充当障碍物防止溜车；二是起步时要防止因溜车与后车发生碰撞，停车时不妨稍微拉大与后车的距离。

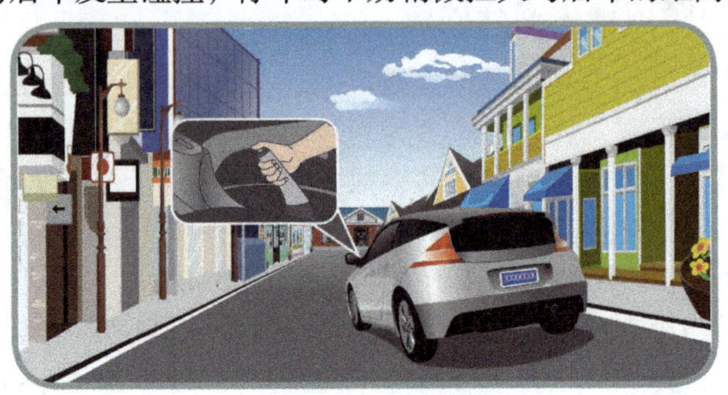

图 3–33　坡道停车防止溜车

跟我来学《中华人民共和国道路交通安全法实施条例》

第六十三条　机动车在道路上临时停车，应当遵守下列规定：

（一）在设有禁停标志、标线的路段，在机动车道与非机动车道、人行道之间设有隔离设施的路段以及人行横道、施工地段，不得停车；

（二）交叉路口、铁路道口、急弯路、宽度不足 4m 的窄路、桥梁、陡坡、隧道以及距离上述地点 50m 以内的路段，不得停车；

（三）公共汽车站、急救站、加油站、消防栓或者消防队（站）门前以及距离上述地点 30m 以内的路段，除使用上述设施的以外，不得停车；

（四）车辆停稳前不得开车门和上下人员，开关车门不得妨碍其他车辆和行人通行；

（五）路边停车应当紧靠道路右侧，机动车驾驶人不得离车，上下人员或者装卸物品后，立即驶离。

（三）夜间停车给他车充分提示

在夜间的城市道路上行驶时，驾驶人的注意力容易被灯火通明的地方吸引，同时由于驾驶人由明亮处进入黑暗处时视力会有短时间的降低，人眼的暗适应需要一定的时间，这就导致了与黑暗中的障碍物发生碰撞的概率大大增加。所以夜间停车，应尽量选择光线明亮的地方（图 3–34），同时打开驻车灯，提示其他车辆己车的存在。

图 3-34 夜间停车选好地点

二、城市路外停车潜在风险

路外停车是指设置于城市道路范围以外的各种停车设施，主要包括地下停车库、地面停车场、机械停车库等，是城市停车的主要方式。如果要长时间停放车辆，驾驶人应尽量选择路外停车。路外停车设施不仅大大提高了土地利用率，每辆车所需的停车面积和空间尽可能压缩到最小，还使便于集中管理。路外停车时驾驶人需要注意以下潜在危险：

（一）出入地面停车场“瞻前顾后”

城市中的地面停车场多为露天场所，有些停车场并不是封闭区域，可能会有行人出没，驾驶人在这些区域停车时首先要降低车速，注意前方环境，防止前方车辆突然驶出车位或是行人突然出现（图 3-35）；车辆停放时应选择倒车入库，倒车过程中随车人员或管理员从旁指挥时不能站在车辆后方，因为驾驶人可能因为视线受阻无法看到后方人员而发生险情。车辆停放时必须与前后的车辆保持足够的空间，不得妨碍其他车辆的移动。取车时，驾驶人应先绕车一周，在确认车辆周围无障碍物或者儿童的情况下再移动车辆。

图 3-35 地面停车场停车注意行人

（二）出入地下停车场勿紧跟前车

城市中地下停车场和停车楼通常设有多层停车区域，各层之间和出入口由螺旋状的盘道连接，进出口分离并且严格控制出入。尤其是对新手驾驶人而言，进出这类停车场一定要与前车保持足够的安全距离。地下停车场或是停车楼光线相对较差，进入停车场时驾驶人应及时打开前照灯，确保前方视野清晰（图 3–36）。从地下停车库驶出时应在出口稍等片刻，待与前方车辆距离较远或者前车已经驶出出口的情况下再起步。跟车太近时，前方车辆一旦停车或熄火而后车又不知情，就会出现多车在坡道排队的情况，很容易因起步溜车发生碰撞。

图 3–36　驶出地下停车场确保视线良好

（三）车辆停放到位更安全

无论是路边临时停车还是路外停车场停车，驾驶人都应该停车入位，将车辆停放在停车位标线以内（图 3–37），这样做可以降低发生剐蹭的概率，驶出时视野更好，更加方便、安全；同时，停放时车头朝外可以降低被盗概率，相比较车头朝外的车辆，小偷更倾向于选择车头朝里的车辆下手，因为这样不易被发现。

图 3–37　在标线内停车

（四）小区停车避开路面非划线区域

由于早期楼房规划设计没有停车位配比要求，导致城市内一些年代较久的小区内没有充足的停车位，大量私家车辆占用绿化用地、广场用地以及消防通道（图 3–38）。这样不仅妨碍了小区内车辆和行人的正常通行，导致了交通拥堵，而且大大增加了己车被剐蹭的危险，给自己的车辆安全带来了风险。在小区内停车应避开转弯处、单元门口和消防通道，停放时尽量选择倒车入位，给旁边车辆留有足够空间；为了避免车辆被剐蹭，离开时应收起后视镜。

图 3–38　城市小区内乱停车

跟我来学《中华人民共和国道路交通安全法》

第五十六条　机动车应当在规定地点停放。禁止在人行道上停放机动车；但是，依照本法第三十三条规定施划的停车泊位除外。

在道路上临时停车的，不得妨碍其他车辆和行人通行。

（五）驶出停车位时提防剐蹭

如图 3–39 所示，如果倒车的过程中，驾驶人没有把握好自己的车辆与两边车辆的间隔距离，同时又过早或者过大的转动转向盘，那么就会发生车头摆出剐蹭两边车辆的情况。因此，在倒车的时候，驾驶人应该时刻注意所打方向相反方向的车前角是否会与邻车发生剐蹭。如果车里有其他乘客，则倒车时应找他人在安全处指挥。倒车时，右脚一定要备在制动踏板上，防止错踩到加速踏板上。尤其是自动挡车倒车时速度较快，右脚踏在制动踏板上控制车速即可，以便在发现倒车空间不足或是突发紧急情况的时候，能够及时停车修正方向。

图 3-39　驶出停车位提防剐蹭

第四章　恶劣天气城市道路安全驾驶

雨、雪、雾、大风等恶劣气象对安全行车的影响，主要表现在三个方面：一是造成视线不良、视野变窄，驾驶人不易看清前方和周围的交通情况，严重的甚至会使驾驶人难以辨别方向；二是造成路面湿滑，附着系数降低，使车辆的制动距离增加，行驶稳定性下降，对车辆的控制难度增大；三是恶劣气象会使其他交通参与者的情况变得不稳定，出现险情的可能性增大，如行人或骑车人着急避雨忽视车辆靠近、走路或骑车容易摔倒、其他车辆侧滑或紧急制动的概率增大等。所幸是雨、雪、雾和大风天气都属于可预测的气象条件，驾驶人在制定出行计划是一定要将天气因素考虑在内。

第一节　雨天城市道路安全驾驶

降雨对城市交通的影响时间最长，特别是南方城市进入雨季后，降雨频繁，大大降低了城市道路通行效率，交通事故的数量也增加，驾驶人需要防范的潜在危险也随之增多。

一、雨天城市道路驾驶前的准备

（一）雨势过大改变出行方式

雨天驾驶应提前规划驾驶路线，选择更好的出行方式。通常情况下，降雨会导致路面机动车速度降低，驾驶人需要花费比正常情况更多的时间才能到达目的地。同时降雨导致道路交通事故数量增加，由此造成的交通严重拥堵会进一步降低通行效率，当降雨强度过大时，建议驾驶人选择公共交通出行，通行效率更高也更加安全。

（二）检查车辆状态

雨天驾驶机动车出行前应对车辆进行检查，确保刮水器状态良好。如果刮水器不能正常工作或者擦雨的效果不好，应及时更换刮水片。雨天的视线不好，白天行车时也应打开前照灯，出发之前需要检查车辆灯光是否工作正常。

二、雨天城市道路驾驶中的注意事项

（一）安全改善视线

下雨时前风窗玻璃、外后视镜以及侧窗玻璃上会积留了大量的雨滴和雾气，对驾驶人的视线造成很大的影响。清洁车窗或后视镜时需要特别注意的是，切不可在行车中自己动手清洁，这会导致驾驶人严重分心，很容易引发交通事故。正确的操作方法是选择安全的地点靠边停车后清洁车窗，或者及时使用空调除雾（图 4–1）。一般情况下，使用冷风除雾会非常快，但关闭空调以后很快又会产生雾气，建议用热风来除雾，虽然热风除雾的效果比冷风慢，但是一旦把雾除去，会保持很长一段时间。遇大暴雨或特大暴雨时，刮水器难以改善视线时，不要冒险行车，应选择安全地点停车，并开启示廓灯和危险报警闪光灯。

图 4–1　雨天安全改善视线

（二）转弯时留意两侧立柱视野盲区

机动车的转弯半径对立柱视野盲区有很大的影响。城市交通环境车多人多，交叉口转弯时容易急躁，不由自主地选择较小的转弯半径，然而此时视野不良且更容易与行人发生冲突，危险性更高。在交叉路口转弯半径过小就容易导致行人持续位于立柱的视野盲区范围内，因此在交叉口转弯时，路况允许的情况下应尽量贴近交叉路口的中心线直角转弯，并且在将要靠近斑马线时减速慢行。

驾驶过程中视野盲区时刻伴随着驾驶人。雨天环境下，刮水器刮下来的雨水容易汇聚在右侧立柱的左侧，因此与晴天相比，雨天右侧立柱的视野盲区范围更大，很容易被驾驶人忽略（图 4–2）。

图 4–2　雨天驾驶注意立柱视野盲区

雨天检查盲区的方法

左侧 A 柱盲区还可以通过前后探头来观察，右侧 A 柱盲区可以将右车窗玻璃放下以增大观察范围，或轻按喇叭提示他人注意，如果同车搭乘有其他人员，最好请其他乘员帮忙观察提醒。

（三）雨天减速增距防交通事故

下雨天，路面的附着系数会有不同程度的降低，尤其是刚开始下雨时路面逐渐湿润，道路上的灰尘、油污及积累起的橡胶沉淀物等与水混合形成非常光滑的一层薄膜，像润滑剂一样，此时路面最滑，车辆的制动距离大幅增加，很容易引起车辆侧滑。

从表 4–1 中可以看出，下雨时路面的附着系数最低，只有 0.3 ~ 0.4 之间。大雨中或大雨过后，雨水将路面（柏油或水泥路面）冲洗干净，路面反而不如刚下雨时湿滑，路面附着系数恢复到 0.4 ~ 0.6，但仍然与干燥的路面有不小的差距。因此，下雨天应该降低行驶速度，提高跟车距离。

不同路面附着系数表　　表 4-1

路面状况	附着系数	打滑程度
干燥水泥路面	0.7~1.0	不滑
潮湿水泥路面	0.4~0.6	比较滑
下雨开始时	0.3~0.4	最滑

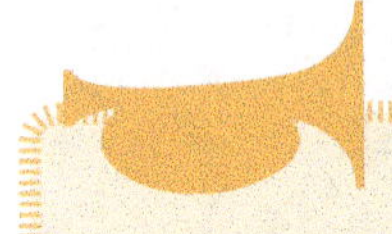

雨天降低行驶速度，提高跟车距离的原因

一是防止前车紧急制动，造成追尾事故；二是防止前车溅起的水花会影响自己的驾驶视线；三是低速行驶更容易控制车辆的行驶状态，即使出现侧滑等情况也能及时调整；四是若后车追撞自己，能够避免本车成为中间的"夹心层"。

（四）雨天行人、骑车人易忽视安全

雨天行人、骑车人身穿雨衣，其视线、听觉、反应能力等受到限制，当车辆临近时容易因惊慌失措而滑倒。当前方出现身穿雨衣的骑车人时，驾驶人应该注意，虽然在超越骑车人之前已经鸣喇叭进行了提醒，但是由于其穿着雨衣，加上周围下雨的环境，骑车人很有可能没有听到提醒，并很有可能随时改变骑行方向，容易产生剐蹭或者碰撞。因此，雨天行驶，驾驶人应减速慢行、耐心避让，与其保持安全距离，切不可急躁地与行人和骑车人抢行（图 4-3）。

图 4-3　雨天驾驶注意非机动车骑车人

（五）通过涉水路段谨防陷车

城市道路立交桥下、深槽路段雨天往往会产生积水，遇暴雨天气时积水

甚至可能没过车辆。车辆通过水深未知的积水路段时应当首先停车检查积水的深度，如果积水仅没至半个轮胎，可以选择挂 1 挡低速直行通过，中途不能换挡（图 4–4）。

图 4–4　驾驶通过涉水路面注意安全

雨天通过涉水路面提示

通过深水路段的过程中如果出现发动机熄火，驾驶人应立即转移至安全处呼叫救援，切勿再次起动车辆，否则会对发动机造成严重损坏。

如果水深达到以下程度时则不应冒险涉水，而应绕行：积水深度超过排气管，容易造成车辆熄火；水深超过保险杠，可能造成发动机进水；积水深度更大时，必须绕行。

第二节　雪天城市道路安全驾驶

冰雪天气下行车不安全因素很多，包括路面附着系数低，制动距离长，稳定性差等，容易发生侧滑、溜滑。冰雪天气下应尽可能避免驾驶车辆，选择其他出行方式。不得不驾驶车辆时，应降低车速，保持足够的车距。

一、雪天城市道路驾驶前的准备

雪天出行的危险性比雨天更高，因为雪天时的驾驶视线更差，车辆更容易打滑。同雨天行车一样，雪天驾驶人尽量避免驾驶，可选择公共交通出行。

出行前应确保有良好的驾驶视野，及时清除前后风窗玻璃、外后视镜和各车灯上面的积雪，防止视线受阻和车灯信号被遮挡。当风窗玻璃上起霜时，开启空调除霜功能，若无除霜功能，切不可在驾驶过程中自己动手擦除，应由其他随车人员帮忙擦除或在安全停车后擦除。在晴朗天气下，积雪容易反光晃眼，引起眼睛不适，特别是隧道出口，因此在预见到将要长时间驾驶的情况下应佩戴墨镜。雪后驾驶路面光滑，车辆应尽量使用冬季轮胎或四季轮胎，同时检查车辆轮胎状况和刮水器的状况。

二、雪天城市道路驾驶中的注意事项

（一）降低车速防溜滑

雪后路面湿滑，车辆很容易打滑，驾驶人应该降低车速行驶，增大跟车距离，避免使用行车制动。如果必须使用行车制动时，尽量有预见性地提前进行制动，注意要轻踩制动踏板。切忌在侧滑或甩尾时猛踩制动踏板，这样不但对减速没有效果，反而会使车辆失去控制，造成严重事故。雪天行驶还应注意转向要缓慢柔和，否则很有可能因为转向过急导致车辆失控。

积雪被压成冰后，车辆容易溜滑，尤其是冰面有轻微融化时，车辆如同在冰水薄膜上行驶，更易引起侧滑。雪天过后数日，虽然路面上绝大部分积雪已经融化，但在道路的背光处或建筑物阴面仍可能有残留冰雪，弯道路侧或隧道出入口附近也可能有结冰现象，这样会使车辆左右轮的附着力不同，易引起侧滑。

车辆在积雪路面行驶时，应沿车辙驾驶车辆（图 4–5）。如果制动过猛或者加速太急容易造成车辆无法按照预定轨迹行驶，出现横向滑动或者来回甩尾的情况。出现这种情况时，驾驶人不要慌张，需要抬起加速踏板，握紧转向盘，车尾向左甩，就逆时针转动转向盘，如果车尾向右转，就顺时针转动转向盘。转动转向盘一定要柔和，角度不要太大，转动方向时不能过急或持续时间过长，否则车辆可能向反方向滑动，然后再根据车辆响应情况做调整。

图 4–5　雪天沿车辙驾驶

（二）拉长车距多观察

雪天驾驶需要时刻观察路况和路面非机动车、行人的状况。无论下雪与否，行人和骑车人通常因穿着较厚，用来保暖的帽子、耳套等对其视线、听觉等造成影响，不利于周围交通情况的观察和判断。下雪后，行人和骑车人的稳定性也随之下降，随时可能滑倒，给行车带来更大风险。雪天驾驶时跟车距离一定要远，这样才会有足够的距离与时间处理突发的紧急情况，跟车距离也要保持在正常路面 2~3 倍的距离（图 4–6）。

图 4–6　雪天驾驶增大跟车距离

（三）雪天停车需谨慎

下雪天，应选择朝阳、避风和平坦无雪处停车（图 4–7）；若只能在潮湿、冰雪路面停车，为避免轮胎冻结，可在车轮下铺垫沙石、柴草和木板等物。同时要注意不要在积雪覆盖的大树、简易建筑下停车，防止积雪压断树枝或建筑使车辆或货物受损。

图 4–7　雪天选择安全地点停车

第三节 雾天城市道路安全驾驶

雾是秋冬季节经常出现的一种天气，尤其是在一些大型、特大型城市既有雾也有霾。雾霾会降低能见度，影响车辆的制动效果，大大增加了行车的潜在危险，因此掌握雾霾天气的驾驶技巧非常重要。

一、雾天城市道路驾驶前的准备

雾天驾驶出行前应提前查看天气情况，要考虑到可能因为大雾关闭城市快速路。提前查看天气情况有助于选择合适的出行路线和行车速度，让驾驶人有充分的心理准备应对雾天行车可能出现的各种路况。

雾天出门前应检查车辆安全性能状况，特别是车辆的制动、雾灯、示廓灯、危险报警闪光灯、喇叭、刮水器等是否处于正常状态。秋冬季节雾霾天气时路面可能会潮湿，影响车辆的制动性能。雾天湿度大，水汽极易凝结在风窗玻璃表面，影响驾驶人的视线，因此出行前应当将后视镜、风窗玻璃和车灯擦拭干净。

二、雾天城市道路驾驶中的注意事项

（一）雾天应拉长车距低速行车

雾天行车能见度低，要严格遵守交通规则限速行驶，千万不可开快车（图 4-8）。雾越大，能见度越小，当能见度小于 200m 大于 100m 时，车速不应超过 60km/h；能见度小于 100m 大于 50m 时 ，车速不应超过 40km/h；能见度在 50m 以内时，车速必须控制在 30km/h 以内；如果在 10m 以内，则不应再继续行驶，应立即将车辆停放在安全处，等气象条件好转后再继续行驶。

图 4-8 雾天驾驶降低车速

（二）雾天应正确使用车辆警示装置

雾天行车时，机动车要开启雾灯、近光灯、示廓灯、前后位灯，并根据情况需要开启危险报警闪光灯，以便让其他车辆驾驶人看到自己的车辆，但切记不能开启远光灯（图 4–9）。雾天在城市道路行驶时，应时刻关注车辆和行人的动态。适当多使用喇叭提醒他车和行人己车的位置能起到很好的警示作用。如果听到对方车辆鸣响喇叭，自己也要马上做出回应，并且减速慢行。

图 4–9　雾天正确使用灯光

跟我来学《中华人民共和国道路交通安全法实施条例》

第五十八条　机动车在夜间没有路灯、照明不良或者遇有雾、雨、雪、沙尘、冰雹等低能见度情况下行驶时，应当开启前照灯、示廓灯和后位灯，但同方向行驶的后车与前车近距离行驶时，不得使用远光灯。机动车雾天行驶应当开启雾灯和危险报警闪光灯。

（三）雾天不要盲目超车

大雾天气能见度低，驾驶人视线和视野受到很大的限制，不具备连续超车的条件。如果发现前方车辆停靠在右边，千万不要盲目超车，因为前方车辆很可能是在等待对面来车通过。超越路边停放的车辆时，要在确认其没有起步意图而对面又无来车后按喇叭，从左侧低速绕过。在雾天的城市道路上，还要留意非机动车和行人，谨防非机动车和行人突然改变行驶轨迹。另外雾天行车应避免借道超车，不能轧线行驶，否则会有与对向的车相撞的危险。

（四）雾天驾驶不要猛踩制动踏板

雾天驾驶很难判断车距，如果前车紧急制动，后车无法判断距离及时做出反应，就可能导致追尾（图 4-10）。因此雾天应与前车保持较长的跟车距离，避免紧急制动，如果不可避免要制动，可以通过连续几次轻踩制动踏板达到控制车速的目的，这样还可以有效提醒后车注意。

图 4-10　雾天不可紧急制动

（五）雾天不要以前车后位灯作为参照物行驶

雾天盯着前车后位灯行驶存在较大风险（图 4-11）：一是会不知不觉距前车越来越近，前车若紧急制动很容易追尾，若前车撞上障碍物或开进沟里，己车也很难幸免；二是如果前车开着后雾灯，因后雾灯光线极强，离前车过近时会刺激眼睛看不清前方情况，易引发危险。

图 4-11　雾天不要以前车后位灯作为参照物行驶

第四节　风沙天城市道路安全驾驶

风沙天气大都发生在北方，北方靠近沙源地，冬春季节气候干旱，降水较少，植被覆盖率低，城市中绿化面积又相对较少，常会出现沙尘暴、大风天气，给城市交通带来不便。

一、风沙天城市道路驾驶前的准备

同上述恶劣天气一样，风沙天气下城市驾驶机动车出行仍然需要驾驶人提前查看天气。风向、风速、沙尘浓度、持续时间都可能对城市交通带来不便，给驾驶带来危险。应尽量避免在伴有雷雨的大风天气出行，同样，如果沙尘浓度过大也将阻碍驾驶人视线，影响城市道路的通行效率，在这些情况下选择其公共交通出行才是更好的选择。出门前应检查车辆安全性能状况，特别是制动、雾灯、示廓灯、危险报警闪光灯、喇叭、刮水器等是否处于正常状态。

二、风沙天城市道路驾驶中的注意事项

（一）风沙天驾驶注意行人和非机动车

大风天气在城市道路驾驶一定要注意行人和自行车骑车人的动态，受大风天气影响，行人往往会佩戴墨镜、头纱，骑车人通常会只顾低头骑行，这些人在路口处或机动车与非机动车混行的道路上无法及时观察到周围来往的车辆，机动车驾驶人必须注意到这一点（图4–12），适当减速，避让行人和车辆，同时受大风影响，其他车辆和行人可能听不到汽车喇叭的声音，因此驾驶人应做好随时制动的准备。

图4–12 风沙天注意行人和非机动车

（二）风沙天气影响行车轨迹

在大风天气下，横风会更加强烈，进入桥梁路段时驾驶人一定要注意横风可能会使车辆行驶方向发生偏移（图4–13）。在大风天气行驶，即使不通过有横风的特殊路段，当强风达到某一级别时，同样会使车辆产生偏移。此时，驾驶人一定要握稳转向盘，克服风力引起的方向偏转。尤其是车辆在无（有）

遮挡路段突然进入有（无）遮挡路段时，如隧道、桥梁等，会有转向盘被“夺”的感觉，驾驶人一定要根据风向、风力及时纠正自己的行驶方向，但不能猛转转向盘。

图 4–13　城市道路驾驶注意横风

（三）风沙天气影响车速和视野

风向的突然改变，不但会影响行驶方向的偏移，同时会对车速产生影响，如果原来是逆风行驶，突然转为顺风或者车辆转了个大弯，风阻减少会使车速猛增，不利于应对前方突发情况，驾驶人一定要注意及时调整车速，增大跟车距离（图 4–14）。

图 4–14　风沙天气控制车速和车距

大风会吹起沙尘，导致能见度降低，影响驾驶视线，有时风会卷起塑料袋或报纸挡在前风窗玻璃上，影响驾驶人视线。强风还可能携带砂石、断裂的树枝、广告牌等砸坏风窗玻璃，对驾乘人员人身安全造成威胁，因此，一定要注意提前查看天气情况，合理安排出行计划，尽量避免恶劣天气条件下驾驶。

第五章　城市道路文明驾驶

不文明驾驶行为不仅会扰乱正常的道路交通秩序，而且增加了驾驶风险。因此，有效控制驾驶风险，应杜绝不文明驾驶行为。“文明交通”是城市形象的名片、城市文明的标志，广大人民群众幸福生活的和谐音符，不仅能反映出一个城市的文明程度，更能折射出广大交通参与者的文明素质。机动车驾驶人作为最重要的交通参与者，应自觉遵守交通安全法规，摒弃不文明交通陋习，成为“文明交通”的宣传者、参与者、推动者、践行者和垂范者。

对于城市机动车驾驶人而言，常见的不文明行为从整体上分为城市道路驾驶不文明情绪、不文明让行以及不文明操作，具体包括：城市道路驾驶的不文明情绪宣泄、滥用远光灯、穿插抢行、乱停车、抢黄灯、通过积水路面不减速、随意向车外抛洒物品、不使用后视镜、不正确使用转向灯、单手开车、不礼让行人以及不礼让特殊车辆等，这些行为有些看似“小事儿”，但是往往是这些“不经意”的不文明行为就会扰乱道路交通秩序，甚至会引发道路交通事故，造成人员伤亡。

第一节　城市道路驾驶文明让行

驾驶人的城市道路驾驶行为中，由于不文明礼让而导致的事故与冲突不断，主要包括城市道路驾驶不礼让行人、不礼让特殊车辆以及驾驶人穿插抢行等驾驶行为。

一、城市道路驾驶礼让行人

行人和非机动车在交通活动中属于易受伤害群体，机动车辆驾驶人应当保护行人和非机动车驾驶人在交通活动中不受到伤害。然而，日常生活中，驾驶人通过人行横道时抢行绕行等不文明行为常有发生，如遇人行横道上有行人或非机动车通过时，部分驾驶人不能及时减速停车让行，甚至加速抢行或绕过行人，导致与行人相撞；而与行动较慢的行人抢行，不仅影响行人的正常通行，还会造成老人或心脏不好的行人因为紧张而突发疾病。

因此，驾驶人在道路上行驶，要时刻留意人行横道标志，遇有行人正在通过人行横道时，要停车让行人先行（图 5-1）。特别要注意行动不便的行人或交通信号变化后仍滞留在人行横道上的行人。通过没有交通信号灯控制的人行横道时，要减速慢行，防止行人或非机动车突然横穿道路。

图 5-1　礼让行人

操作方法

遇有注意行人、注意儿童、人行横道、人行横道预告等交通标志时，应注意观察，提前减速慢行。

进出道路或在没有交通信号的路段行驶，应避让横过道路的行人和非机动车。

通过路口时，遇有行人和非机动车横过道路时，应减速或停车让行。

遇有施工路段时，应留意行人和非机动车可能占用机动车道通行。

行经有积水、泥泞、碎石或者易产生扬尘的道路上，遇有行人、非机动车时，驾驶人应减速慢行或避让，不可加速通过。

通常来说夜间道路车辆和行人会变少，但是城市道路则不同。城市的生活节奏决定了城市中人们的夜间活动多种多样，持续时间长，一些路段到了夜间仍会有大量车辆、人员聚集，数量甚至超过白天，这些路段行人、机动车、非机动车混合，路况复杂，驾驶人一定要提高警惕，谨慎驾驶。

在黄昏或夜间行驶，一定要警惕周围是否有穿深色衣服的行人或骑车人，在夜间他们会毫无征兆地随时出现在车前，引发交通事故。夜间行驶时，要注意观察道路中心处（如双黄线处）是否有等待通过的行人或非机动车；前方或右侧可能有穿深色衣服的行人、骑车人但不易被发现，夜间在公路上行驶时一定不要太靠右侧行驶；夜间在城市道路行驶，当发现有自行车倒在地上时，一定要预防周围可能有摔倒的骑车人；此外，夜间行人和骑车人喜欢借助后车的灯光行驶，可能会占用行车道，也应注意避让。

文明驾驶三字经

有行人，让为先，我文明，他平安。

二、城市道路驾驶礼让非机动车

非机动车是城市道路交通体系中重要的组成部分，上班族、健身爱好者、快递员、外卖员等，许多人都选择健康、灵巧、方便的非机动车作为代步工具，相对于机动车，非机动车是弱势群体，机动车驾驶人在城市道路驾驶时应礼让非机动车，不可“唯我独尊”“仗势欺人”，因此，文明驾驶要做到礼让非机动车（图 5–2）。

图 5–2　礼让非机动车

以上海为例，根据 2017 年 3 月 25 日实施的新版《上海市道路交通管理条例》，积极鼓励社会公众参与交通管理。条例第 63 条明确规定：社会公众发现道路交通违法行为的，可以向公安机关举报。公安机关对社会公众提供的视听资料等证据材料进行调查核实后，可以对违法车辆的所有人或者管理人依法予以行政处罚，能够确定驾驶人的，对驾驶人依法予以行政处罚。其中规定，机动车在路口右转弯未让直行的行人先行的，记3分罚款50元。在路段上行经没有信号灯控制的人行横道遇行人未礼让的，记3分罚款100元。

三、城市道路驾驶礼让特殊车辆

（一）城市道路驾驶礼让救护车

2017年2月28日，济南北园高架桥上，一辆救护车鸣笛示意让路，一辆私家车未紧急避让，甚至故意阻挡急救车辆，后救护车上的患者经抢救无效死亡。礼让救护车如图5-3所示。

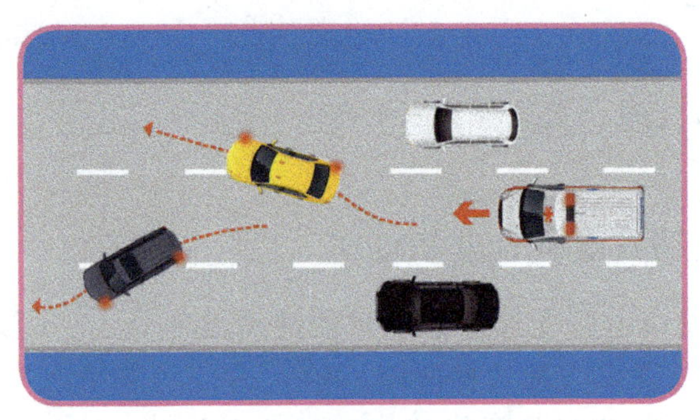

图5-3 礼让救护车

当前，急救车在急救途中“越跑越慢”，被堵在路上动弹不得的现象时有发生，有时甚至挡在急救车前面的车辆不仅不让行，还抢道。虽说如今城市拥堵现象十分普遍，但对于等候急救的危重病人来说，分分秒秒可都是关系到生命的，礼让一小步，文明一大步。避让救护车就是为病人打通生命通道，不仅给医务人员抢救病人赢得了宝贵的时间，更体现出广大驾驶员朋友们不断提升的道德水平和文明修养。

（二）城市道路驾驶礼让校车

2015年9月8日下午2点，在南充市顺庆区将军路，交警执勤时发现一辆小型客车在转弯时不主动避让直行校车。根据有关规定，交警对小型客车驾驶人进行了处罚。同日，在顺庆区双女石路往滨江北路一段方向，一辆小型客车在转弯时不主动避让校车，交警对其驾驶人进行了同样的处罚。

校车是运送学生上下学的交通工具。为预防和减少少年儿童交通事故，校车驾驶人应按规定安全使用校车，其他机动车驾驶人应文明礼让校车（图5-4）。然而，目前仍然有其他机动车驾驶人遇校车不能正确礼让慢行，如同方向仅有1车道时不能立即停车等待却使用喇叭或灯光催促等。

驾驶机动车遇前方校车开启危险报警闪光灯、打开停车指示标志时，处于校车同方向后方车道以及临近车道的，应当停车等待；处于其他机动车道上的，应当减速通过。

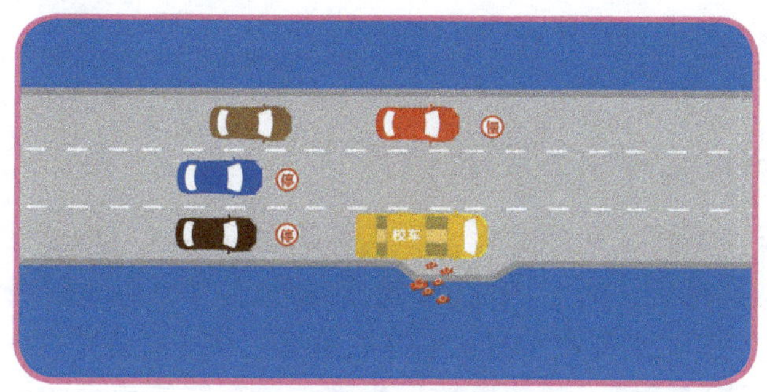

图 5-4　礼让校车

（三）城市道路驾驶礼让道路养护车

2016 年 10 月 15 日，在宁夏定武高速中卫市沙坡头区宣和镇路段发生了一起道路交通事故，一辆正在道路上施工的公路养护车被一辆黑色小型客车追尾，导致 3 人死亡，1 人受伤。

操作方法

遇紧急车辆让行方法：

为保障紧急车辆的快速通行，需要对让行方法进行统一，为保证通行效率，在没有应急车道的路段上遇有紧急车辆执行紧急任务时，车辆应靠右侧行驶，并使用喇叭和灯光提醒前方车辆让行，直至紧急车辆驶过（在此有三方面的考虑：一是最左侧车道通常为最快速车道；二是在无中央隔离的路段，车辆统一向右让行，此时对向车道的车辆也能腾出行驶空间；三是车辆让行时，使用喇叭和灯光提醒前方车辆让行，能够充分提高让行效率）。

在路口遇有后方紧急车辆发出紧急信号时，应遵循以下操作：

路口信号灯为绿灯时，确保安全的情况下应快速驶过交叉口，并选择不阻碍紧急车辆通行的车道行驶；

路口信号灯为红灯时，确保安全的情况下通过停止线，将车辆靠右侧停放，为紧急车辆让开通行空间。

遇有紧急车辆从垂直方向或占用己方车道对向驶来，应立即选择靠边避让，待紧急车辆驶过后再按照交通规则行驶。

文明驾驶三字经

特种车，解危难，让出路，给方便。

四、城市道路驾驶不穿插抢行

礼让行车，不随意穿插抢行，不仅是法律的要求，更是良好文明素养的体现。有些驾驶人自认为车辆性能好，驾驶技术水平高，就在车流中任意穿行（图 5–5）。殊不知驾驶人的随意穿插抢行，往往会迫使周围的车辆急停或者突然变道，造成拥堵，增加事故发生率。抢行往往抢出的不是时间，而是事故。

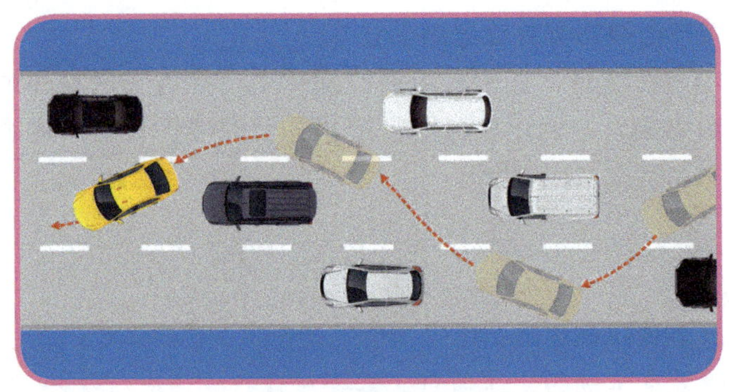

图 5–5　随意穿插抢行

2017 年 3 月 11 日，两辆大货车在渝北区悦来国博立交十字路口处相撞，两车损毁严重，一名驾驶人受伤。经调查，事故主要原因是其中一名货车驾驶人在十字路口抢行，造成辆车无法及时相互避让，从而引发事故。

在城市道路上行车时，经常会有车辆穿插抢行、行人和非机动车随意横穿道路等现象。穿插抢行的原因很多，从驾驶人自身来看：可能是由于着急赶时间，也可能是出于对自己驾驶技术的信任，甚至有些人可能仅仅是为了追求驾驶刺激而穿插抢行。穿插强行的不仅是小型汽车驾驶人，有些大中型客货车驾驶人在城市道路驾驶机动车时，也经常在道路上穿插抢行，给道路交通安全造成极大危险。对于大中型客货车驾驶人而言，驾驶室相对较高，车辆尺寸较大，视野盲区更多，且车辆操控不如小型汽车灵活，穿插抢行更容易卷入交通事故。

穿插抢行有时是因为驾驶人没有用平和的驾驶心态来驾驶车辆。对于驾驶人而言，平心静气，换位思考，保持一份宽容的心态，少一些对抗的情绪，不仅对于驾驶人自身安全行车大有裨益，更是对生命的一种尊重。其实道路交通环境就是社会，能力越高责任越大，特别是大中型客货车驾驶人应该有担当、有包容。法律法规的最终目的是保护生命，即便拥有路权，也要“有理让三分”。驾驶就是做人，宽容他人的同时也是自身修养的提升，更何况还有安全的“红利”。

操作方法

当驾驶人驶近路口，后方有特殊车辆驶来时，要根据交通信号灯的情况，使用不同的让行方式。当路口信号灯为绿灯时，在确保安全的情况下应快速驶过交叉口，并选择不阻碍紧急车辆通行的车道行驶，避免滞留交叉口，引起交通拥堵。当路口信号灯为红灯时，确保安全的情况下可以适当通过停止线，将车辆靠右侧停放，为紧急车辆让开通行空间。此外，遇有紧急车辆从垂直方向或占用己方车道对向驶来，应立即选择靠边避让，待紧急车辆驶过后再按照交通规则行驶。

文明驾驶三字经

依次等，不抢行，都穿插，秩序乱。

第二节　城市道路驾驶文明使用灯光

一、城市道路驾驶夜间正确使用远光灯

城市道路驾驶滥用远光灯是每一位道路交通参与者深恶痛绝的交通不文明行为，它不仅仅干扰车辆驾驶人的驾驶判断，影响驾驶安全，同样也给其他交通参与者带来生命危险。近年来，因为滥用远光灯造成的交通事故屡屡发生，市内行车乱开远光灯，不仅仅是不文明驾驶行为，还是一种违法行为，甚至会造成无法挽回的严重后果。

2017 年 2 月 28 日晚，山西晋城某城市主干道上两名学生过马路时被一辆汽车径直撞上，监控记录显示事故发生时汽车并未减速，似乎肇事驾驶人并没有看到行人。事后通过观看肇事驾驶人的行车记录仪录像得知，由于事发时事故车辆的对向行驶车辆的远光灯晃眼，致使肇事驾驶人未能看到行人，当肇事驾驶人发现行人时已来不及采取制动措施，导致事故发生。

据统计，我国每年发生的夜间交通事故中，有40%以上的事故与不规范使用远光灯有关（图5-6），且呈不断上升趋势，其中有四类驾驶人是滥用远光灯的“常客”：第一类是刚考领驾驶证对灯光使用不熟悉的无知型，第二类是以自己看得清楚、不顾他人安危的自私型，第三类是驾着豪车显摆灯光明亮的炫耀型，第四类是看见别人开远光灯自己也打开的报复型。但是，无知滥用不是理由，自私自利应受到谴责，显摆炫耀更该克制，打击报复必受处罚，滥用远光灯不仅违反交通法规，更是败坏社会道德。

图5-6 滥用远光灯

车辆远光灯的用处在于提高视线，扩大视野范围，当驾驶人不能正确使用远光灯时，往往适得其反。夜间道路环境能见度低，驾驶人对物体的观察明显比白天差，视距变短，不利于观察道路交通情况，同时注意力高度集中易产生疲劳。因此，在夜间行车时，部分驾驶人为获得良好的亮度观察条件，容易出现长时间使用远光灯等滥用灯光的行为。滥用远光灯的主要情形见表5-1。

夜间滥用灯光的主要情形 表5-1

行车环境	滥用灯光行为
通过照明条件良好的路段	使用远光灯
行车中车速在30km/h以下	使用远光灯
尾随前车行驶	使用远光灯
在一般道路和窄路、窄桥会车，或与非机动车会车	在对方来车150m以内仍使用远光灯
超车	超车时，未连续变换远、近光灯以向前车示意而直接超车
通过急弯、坡路、拱桥、人行横道或者没有交通信号灯控制的路口	未交替变换远、近光灯
风、雪、雨、雾天气行车	不使用防雾灯或防炫近光灯

夜间不按规定使用远光灯，在会车和跟车时都会产生危险。会车时会瞬间“晃瞎眼”：会车时不关闭远光灯，强烈灯光的照射会造成对面车辆驾驶人炫目而无法看清前方道路情况（图 5-7），以致操纵失控，发生车辆之间碰撞或车辆与行人、非机动车之间的碰撞事故。跟车时会“蒙住眼”：跟车时后车开启远光灯，会导致前车无法看清前方情况，如果前车要变更行驶状态，很容易引发交通事故。

图 5-7　远光灯炫目

操作方法

夜间在没有路灯、照明不良的道路上行驶时，为了保证足够的驾驶视野，应开启远光灯，但是当有对向来车时，应当及时切换到近光灯，否则会对对向驾驶人或者前方驾驶人的视线产生干扰，甚至导致炫目。会车时远光灯切换近光灯的时机，各地的规定也略有区别（表 5-2）。表中所列国家对于会车灯光切换的距离大约以 150m 居多，与我国规定符合。对于跟车灯光切换距离的规定，表中所列国家差距较大。目前我国车辆远光灯以氙气灯和 LED 灯为主，其有效照射距离远大于卤素灯；我国市场在售车辆装备防炫目后视镜的比例仍然较低。因此，推荐跟车灯光的切换距离同样为 150m。

当驾驶机动车发现后方车辆使用远光灯时，应该及时提醒后方驾驶人切换到近光灯。此时驾驶人可以通过踩踏制动踏板，点亮制动灯提醒后方驾驶人切换远近光灯。

各地会车跟车灯光切换距离　　表 5–2

国家和地区	会车灯光切换距离	跟车灯光切换距离
加拿大	150m	60m
澳大利亚	200m	200m
美国加利福尼亚州	500ft（约 152m）	300ft（约 91m）

二、雾天按规定使用灯光

雾天必须开启雾灯，因为雾灯灯光的穿透性比车辆后位灯更强。除了在雾天使用外，雪天、暴雨天气等也可以使用雾灯（图 5–8）。

图 5–8　按规定使用雾灯

白天有雾时一定要开启示廓灯。示廓灯可以提醒前后车注意已车位置以及轮廓大小。以便后车更早地采取措施以保持安全距离。

雾天请勿使用远光灯。雾有反射的作用，雾天开启远光灯后，灯光会经过雾反射进车内，使车前的视线一片白，此时一旦前方出现障碍物驾驶人很难及时躲避。

危险报警闪光灯是保障安全的灯光。被称为“保命灯”是因为危险报警闪光灯在驾驶人需要紧急停车或者车辆出现故障之后告诫后车提前避让的一个重要信号，特别是在像雾天、雨天这样视线较差的天气条件下，间隔闪烁的危险报警闪光灯有着极强的穿透力，可以在很远的距离内起到有效的提示作用。

三、城市道路驾驶正确使用转向灯

转向灯是驾驶人最常使用到的灯光，它可以明确提示周围车辆驾驶人该车辆将行驶的方向。但在行车过程中，有很多驾驶人并不能正确使用转向灯，甚至有些驾驶人并不清楚什么情况下该使用转向灯，给行车带来了很大的安全隐患。城市道路情况复杂，有时需要驾驶人通过车辆灯光来进行判断。由于驾驶人不正确使用转向灯而引发的事故比比皆是。

2017 年 1 月 15 日，渝北区横二路发生一起三车相撞的交通事故。经查实，事故原因是肇事驾驶人王某驾驶轻型厢式货车沿横二路最右侧车道往纵一路方向行驶，要在前方路口左转。当时，他见道路宽阔，车辆较少，在没有开启左转向灯，也没有观察左侧车辆行驶的情况下，突然向左侧变更车道。恰在此时，一辆轻型客车正在沿左侧车道正常直行，轻型客车驾驶人见这辆厢式货车突然变道，急忙往左侧转转向盘避让。但由于避让不及，轻型厢式货车左侧货厢中部还是与轻型客车车头发生了激烈的碰撞，被撞的轻型客车向左侧发生了九十度的旋转，又径直撞上对向车道一辆正常直行的重型货车。轻型客车的车头再次与重型货车的左侧发生了激烈的碰撞。轻型客车上 2 名驾乘人员被撞伤。王某因随意变更车道，负事故全部责任。

正确使用转向灯的前提是知道什么时候需要使用转向灯，使用转向灯主要有以下几种情况：转向、超车、驶离环岛、变道和驶入城市快速路与驶离城市快速路等。

（一）停车和起步

在城市路边停车之前应该先开启右转向灯。很多驾驶人都没有在停车时开启转向灯的习惯，这样其实很危险，灯光能让周围的车和人注意己车的动向，避免危险。

由于我国法律规定机动车靠右行驶，路边停车时应停在道路最右侧，起步时要驶入道路必然要向左转进入左侧的主路，因此起步时要开启左转向灯，这是考驾照时最基本的要求。

（二）驶离环岛

驾驶人在驶入环岛时无须开启转向灯，在驶离环岛时应预先观察准备驶入的道路情况，开启右转向灯和观察后视镜，确认安全后驶离环岛。

（三）超车

驾驶人的驾驶过程中，尽可能减少超车，必须超车时，要遵守以下操作方法：确认所在路段允许超车；通过后视镜、扫视等方法确认前方、左侧及左斜后方的安全；开启左转向灯；约 3s 后，进一步确认安全，在最高速度限制内缓慢转动转向盘向左变更车道；保持安全的横向间距通过；超过所要超越车辆后，开启右转向灯；通过车内后视镜观察，被超越车辆全部进入后视镜，约 3s 后再次确认安全，然后缓慢向右变更车道。关闭右转向灯，完成超车。

（四）变更车道

驾驶人改变路线前要通过后视镜、扭头等方式观察周围环境，确定盲区内及远处无车辆、行人影响安全操作；提前 3s 以上开启转向灯，以便让周围驾驶人了解改变行驶路线的意图；根据目标车道车流的速度调整车速，在不影响目标车道车辆行驶的情况下，以稳定车速驶入，并关闭转向灯。

（五）驶进或者驶离城市快速路或立交桥

驾驶人在驶入城市快速路或立交桥时应当正确使用灯光。在进口匝道与主线交汇处的合流三角地带前，先开启左转向灯，提醒主路车辆注意。车辆驶入主线车道后，及时关闭转向灯。

驾驶人在驶出城市快速路或立交桥时也应当正确使用灯光。变更车道时，注意开启右转向灯。驶入减速车道后，关闭右转向灯。

（六）转向

驾驶人转向时要提前做好准备，保证车辆在道路上的正确位置行驶，并且有足够的时间开启转向灯，指示要转的方向，让他人了解己车的行驶意图。

左转：驾驶人左转时应当提前 3s 开启左转向灯指示左转；提前变换车道进入左转车道或靠近道路的左侧行驶。如果交叉路口设置左转待转区，在允许直行时段可进入待转区等待；保持左转向灯打开，观察信号灯，在确保安全的前提下靠交叉路口中心点左侧行驶。

右转：驾驶人右转时应当提前 3s 开启右转向灯指示右转；提前变换车道进入右转车道或靠近道路的右侧行驶；保持右转向灯打开，沿着道路右侧行驶；转向完成后应进入相应的车道行驶，不得压线行驶。

（七）掉头

驾驶人在开始掉头转向之前，必须开启左转向灯，确保路面情况安全：查看后视镜与盲区，确保能够清楚地看见任何驶近的车辆。开启左转向灯是为了提醒后方车辆慢行，以免相撞。

归纳转向灯的使用，简而言之应当注意以下六点：一是靠边停车开启右转向灯，靠边起步开启左转向灯；二是进入环岛可不开启转向灯，驶离环岛开启右转向灯；三是超车先开启左转向灯，驶回原车道先开启右转向灯；四是变更车道需提前转向灯；五是驶入城市快速路或环路开启左转向灯，驶离开启右转向灯；六是路口转向提前开启转向灯；七是掉头时需开启左转向灯。行车过程中，转向灯的作用除了基本的提示转向、并线作用以外，有时也是驾驶人之间交流的信号。正确合理地运用转向灯可以让驾驶人在路上行驶更加自如，同时也能减少不必要的误会。

四、进出隧道时按规定使用远光灯

车辆进出隧道时，驾驶人应当按照规定正确使用车辆灯光。城市快速路上的部分隧道内或者附近易发追尾、与隧道壁挂擦、与侧方车辆剐碰等事故。进入城市快速路隧道前，首先要注意打开车灯，即使是白天，也应在隧道入口约 50m 处开启前照灯、示阔灯和后位灯，以便认清前车状况并引起后方车辆的注意；其次应根据隧道口标志上规定的速度进行车速调整，同时注意车辆的装载高度能否安全通过；第三是进入隧道后，应把注意力移到隧道的远处，不要看两侧隧道壁，避免强烈的速度感。同时，还需注意保持行车间距，车速为 80km/h 时，行车间距为 80m 以上；车速为 60km/h 时，行车间距为 40m 以上。此外，隧道内严禁变更车道、超车，不宜鸣喇叭，以防噪声影响其他车辆行驶。驶出隧道前，要通过车速表确认车速，不能凭直觉判断车速。握紧转向盘，以防隧道口处的横向风，引起车辆驶离行驶路线。如果车辆在隧道内出现故障，只要车辆还能行驶，应尽可能使车辆驶出隧道，严禁隧道内停车。

第三节　城市道路驾驶其他文明注意事项

驾驶人在城市道路上驾驶机动车，还应当注意依法停车、不抢黄灯、驶过特定路段注意减速、不向车外抛洒物品，正确使用车辆后视镜、不单手驾车、正确使用车辆喇叭以及正确处理突发的事故。

一、在城市道路上依法停放

随着我国城市机动车保有量的增长，车辆停放问题已经成为广泛的社会问题。一个城市的文明程度往往体现在道路停放上，而车辆的乱停乱放已经成了城市文明之痛。城市道路依法停车如图 5-9 所示。

图 5-9　城市道路依法停放车辆

车辆乱停乱放固然与停车位不足有一定的关系，但是与驾驶人的公共意识有着更为密切的关系。有的驾驶人认为，自己只是临时停车，不会影响他人，甚至也有的驾驶人明知违法，但是抱着从众的心理，能够逃避处罚。乱停乱放车辆会引起交通拥堵，破坏通行秩序，甚至有时会引起严重的交通事故。

2016 年 9 月，吴某驾驶机动车载着妻女一起出行。当车辆行驶至洪都南大道 206 号巷口时，吴某因临时有事，觉得路上车不多，就在洪都南大道巷口处停车。吴某女儿因为好奇，突然打开了右后车门，导致骑车人徐某从小车右侧经过时被突然打开的车门连车带人撞翻受伤。

人的文明程度能从其用车习惯体现出来，衡量一个驾驶人的素质，不仅要看驾车，更要看停车。我国道路交通安全相关法律法规对于停车做出了相应规定。《中华人民共和国道路交通安全法》和《中华人民共和国道路交通安全法实施条例》对机动车停车地点、禁止停车地点以及机动车在道路上临时停车有明确规定，详见本指南第三章第四节。

除了法律规定外，在实际的城市停车过程中，驾驶人应当注意以下几点：第一，不要在窄路上停车。窄路的通行空间较小，再往路边停车将进一步挤压空间，一旦有特种车辆 (如救护车、消防车等) 需要通过时，这些挡路车就会成为障碍。第二，不要在门前及路口禁停区停车。门前和路口都是禁停区，通常在这些地方都会有明显的警示标志或字眼。驾驶人在停车的时候，要为他人着想，预留足够的位置，让别人的车能顺利驶出车位，自己的车也能减少被剐蹭的风险。

二、城市道路驾驶不抢黄灯

人们常说：红灯停，绿灯行，但是似乎往往都忘记了后面这句“赶上黄灯不抢行！”黄灯是一种过渡信号灯，起到警示作用，提示驾驶人信号即将变换，目的是清空已经进入路口的车辆。然而，很多驾驶人见黄灯闪烁反而快速抢行，垂直方向通行的车辆见到黄灯转绿灯时也想快速通过，此时就极易发生交通事故。

2017 年 4 月 6 日在重庆市南岸区南滨路和晓月路交叉路口，一辆红色小型客车因黄灯抢行，将正常通过人行横道的行人撞伤。监控录像显示，事故发生时信号灯已经变黄，但该车辆仍加速前冲，此时人行道信号灯已经变绿，行人开始陆续通过路口，就在此时快速行驶的小型客车撞上了正在通过人行道的行人，并将其向前撞出几米开外。

《道路交通安全法实施条例》规定，持续闪烁的黄灯属于闪光警示信号灯，提示车辆、行人通行时注意瞭望，确认安全后通过。此类信号灯主要目的是提醒和警示车辆和行人，不具有控制交通先行和让行的作用。因此，对于那些将黄灯看作“赛旗”，非要来个百米冲刺的驾驶人而言，恰恰是对黄灯的意义和价值做出了错误的理解。而恰恰是这种错误的认识，导致了事故的发生。

究竟什么情况才算是“抢黄灯”呢？根据《道路交通安全法》及其实施条例的规定，黄灯亮时，已越过停止线的车辆可以继续通行，未越过停止线的车辆不得通行。考虑到车辆制动距离、安全车距等因素，当黄灯亮起时，只要机动车车身任何一部分已经越过停止线的，车辆可以继续通行。但是，有的驾驶人为了争那可以通行的一秒，不满足黄灯通行的条件而硬要抢行，就是“抢黄灯”了。有时往往是“抢一秒，毁一生”。对于驾驶人而言，为了自己和他人的生命安全，驾驶机动车通过路口时一定要遵守交通信号，保持安全间距，不闯红灯，不抢黄灯。

三、城市道路驾驶积水、泥泞、扬尘、碎石路面注意减速

雨天出行的困扰之一就是，通常路面上明明有积水，可是有些驾驶人就是视而不见，不减速，溅路边行人一身水。对于这样的行为，行人往往很无奈。有些驾驶人可能觉得无所谓，毕竟自己在车里，对自己不会产生影响，但是生活中有不少雨天驾驶不减速而导致的摩擦，让驾驶人得不偿失。

2016 年 7 月 4 日，合肥市庐江县境内一些路面因暴雨形成积水，一名驾驶人驾驶重型载货汽车经过漫水路速度较快，形成的水浪冲破了路边商户的卷闸门、玻璃门，还淹进住户家中。经统计，路两边共有 9 户不同程度受损。事发后，这 9 户居民向庐江县法院提起诉讼，请求赔偿。

雨天行车，部分驾驶人容易产生急躁心理，希望尽快到达目的地。因此，驾驶人在通过积水路面时，常会保持正常车速，甚至加速通过，以致溅起的水花阻挡了驾驶人的视线，使其无法看清前方情况，导致车辆失控或交通事故；而当驾驶车辆行经两侧有行人或非机动车行驶的积水路面时，泥水还易飞溅到行人或非机动车身上。积水路面驾驶应减速（图 5-10）。

图 5-10　积水路面应减速

雨天驾驶，驾驶人在通过积水路面时，由于路面被水覆盖，无法看清水底路面情况，驾驶人应停车察明水情，确认安全后低速通过。遇水位较深路面时，若无法观察到暗坑和凸起的路面，不得冒险通行。有些驾驶人可能觉得加速通过只是溅水在路人身上，对自己没什么特别的影响，实际上，由于车辆高速通过涉水路面，会导致车辆实际涉水的深度增加，可能会造成发动机进水。此外，由于下雨天行人穿戴雨具，会对其视力、听力感官产生影响，一旦发生意外，驾驶人往往来不及应对。

高速通过积水路面看似是不起眼的交通陋习，也没有相应的法律法规来处理，但是却折射出了驾驶人的素质与文化。每一名交通参与者都有可能成为驾驶人或者行人，每个人都有可能在下雨时站在路边，此时，驾驶人不妨换个角度想一想，如果是我站在车外，我希望面前的车该如何通过，相信内心一定就会有答案了。

四、城市道路驾驶不向车外抛洒物品

吃剩的果皮，喝剩下的饮料瓶，抽完的烟头，包装袋……这些东西有时会“不经意”被驾驶人“嗖”的一下扔出窗外，驾驶人这一小小的举动，不仅仅影响了城市环境，给环卫工人增加作业负担，同时也对行人、车辆行驶安全产生影响。不仅仅是普通市民，驾驶人也对这种行为深恶痛绝，甚至称这些随意向车外抛洒物品的车辆为“垃圾车”。

2017 年 4 月 2 日，驾驶人江某在延安高架南侧凯旋路至江苏路段抛撒物品，并妨碍驾驶安全，市公安局交警总队高架支队在接到网友举报后，立即开展调查核实，依法对当事人上述违法行为做出罚款 400 元，记 2 分的处罚决定，并对其进行批评教育。

在道路行车或在路口停车等候时，一些驾驶人文明意识低下，为图方便，常会出现随手丢弃烟蒂、纸屑、塑料袋、塑料瓶等垃圾的不文明行为（图 5-11），这样不仅会破坏城市环境卫生，影响城市形象，还会干扰其他车辆正常行驶，容易引发交通事故。

图 5-11　不得向车外抛洒物品

以前由于技术手段的限制，随意向窗外抛洒物品的驾驶人有恃无恐，觉得即使自己做了，也没有人能举证。但是，随着取证手段的创新，很多城市采取了市民举报、民警巡逻、路口视频监控、流动监控车辆巡逻、交通信息安全员抓怕、行车记录仪录像等手段来查处这些随意向车外抛洒物品的驾驶人，这对这些素质"低下"的驾驶人而言，也是一种警告手段。

驾驶人在道路行车要爱护道路环境，尊重他人，养成良好的行为习惯。驾驶人可以在车内随时准备一个塑料袋用来存放车内垃圾，待停车后扔到垃圾桶内。每名高素质的驾驶人都应当自觉遵守社会公德，不向车外乱扔垃圾、吐痰，做文明人，开文明车。

五、城市道路驾驶正确使用后视镜

城市道路情况纷繁复杂，各类交通参与者交汇，在城市道路驾驶机动车一定要"眼观六路，耳听八方"。全面观察和正确判断是安全行车的重要环节，驾驶人坐在车内观察的视野范围有限，通常只能凭肉眼看清前方的情况，而对于后方和左右的情况通常只能借助后视镜来进行观察（图 5–12），从而判断超车，转向，倒车的时机。实际驾驶过程中，如果不使用后视镜，往往会引发事故。

2016 年 10 月 21 日，重庆沙坪坝区 110 快速接处警队民警接到报警，一辆红色小型客车行驶过程中左后视镜打开，但右后视镜折叠。根据民警观察，发现驾驶人似乎并未意识到后视镜未打开。民警拦停车辆后，告知驾驶人具体情况，驾驶人获悉后及时调整右后视镜，避免事故的发生。

图 5–12　调整后视镜

驾驶人借助后视镜进行观察应当注意以下五点内容：第一，在保证车辆在车道中央行驶且路况不复杂的情况下，将紧盯前方的目光移出一些，用眼睛的余光分别观察三个后视镜、路面及车辆前上方，保持中心视野能扫视到的广阔的路面状况。第二，前方交通情况可以通过眼睛直接观察，要尽可能看得远一点；左右观察时，要从路的最左观察到最右，包括对向来车、左右路边的停车、行人和路口里可能开出的车辆；往上看要看到路牌和信号牌，往下看要看到路面标志线和路面障碍。第三，后方交通情况主要靠中、左和右三个后视镜进行观察，看到后方所有车道上跟车的距离和速度。第四，在扩大视野的过程中车速不宜过快，而且要在保证安全的情况下逐步扩大观察的范围。第五，开车时长时间凝视一个物体会很危险，因此，驾驶人应当及时移动视线，不要太专注于某辆车或者其他事务。此外，在并线或超车前，应先观察反光镜，避免盲区的影响，随时掌握候车的情况。

操作方法

驾驶人需要确保通过后视镜能观察到足够的有效范围。车内后视镜应使地平线映像调节至镜子中央，左侧车外后视镜应使后视镜里面的地面映像占镜子高度的1/2，左侧车身映像占镜子宽度的1/4。由于车辆右侧的盲区较大，为了减少盲区，应使后视镜里面的地面映像占镜子高度的2/3，右侧车身映像占镜子宽度的1/4，使朝向地面的角度更大。

六、城市道路驾驶不单手开车

每一名驾驶人在驾校都学过要双手握转向盘，但是随着驾驶年龄的增加，很多驾驶人逐渐开始单手开车。有些人是单手扶着转向盘，另一只手放在窗户上，也有人是另一只手去摆弄手机、车内导航等；还有人喜欢长时间将手放在换挡杆上面。在一些驾驶人看来，单手开车不是大问题，殊不知事故可能因此而发生（图 5-13）。

图 5-13　不可单手驾驶机动车

2017 年 1 月 17 日，田某因开车看手机，单手掌控转向盘时偏离了车道，冲向了对向直行车道，与对向直行车道上的小型客车发生碰撞。民警对田某分心驾驶的危险行为进行了严厉批评，并依法对田某处以记 3 分、罚款 100 元的处罚，并由田某承担相应的车辆修理费用。

最合理最标准的转向盘握姿是右手握转向盘三点钟位置，左手握转向盘九点钟位置。那么，与标准握姿相比，单手开车的危险在哪呢？单手开车的最大危险在于无法处理驾驶过程中可能遇到的紧急状况。在蜿蜒的山路应绝对避免单手开车，由于动力转向盘需由发动机带动，对于运转不顺有熄火发生的车辆，可能因转弯时动力转向盘及制动踏板的使用，造成弯道中发动机熄火，辅助动力瞬间失效则会导致转向盘回扯，可能会造成车辆撞向山壁、山谷或桥墩。一般道路行驶若单手操作转向盘，也可能会因为突然躲避前方障碍物而肇事，比如，在行驶中，突然有人、车甚至猫、狗等进入道路，或道路前方有坑洼、前车紧急制动等，用单手操作转向盘来完成躲避不及，且不能立即回正车辆。所以，双手操作转向盘才是正确的驾驶认知观念。正确扶转向盘姿势如图 5-14 所示。

图 5-14 正确扶转向盘姿势

驾驶人在开始制动前最少需要的反应时间为 0.4s，产生制动效果需要 0.3s 时间，合计起来，制动发生效果的最少总时间也要 0.7s，如果驾驶人单手开车，如果真的遇上危险，等驾驶人把手撤回来时，事故已经发生了。因此，为了保证安全驾驶，驾驶人更加应该规范操作，规范驾驶，避免事故的发生。

操作方法

正确掌握转向盘应稳而不紧，双手起始位置应方便舒适，正确使用转向盘对于转向和回正的操作较为舒适和方便，尽量减少换手动作，能够保证遇到紧急情况躲闪时可以做到最大转向幅度。转向盘存在路感回馈，在走不平的路面时加在车轮上的作用力会直接通过转向系反馈到了转向盘上，因此，遇路面泥泞、凹凸不平等情形时，应握紧转向盘，避免车辆改变行驶轨迹。驾驶车辆时，由于右手有时需要换挡使用驻车制动器辅助制动等，驾驶人应在车辆直线行驶时，习惯以左手为主，右手为辅的操作方法。此外，驾驶人在转弯过程中应避免双手交叉，因为当需要快速或者紧急转向时候，交叉的双手会别住转向盘，根本来不及做出及时准确的操作。

七、城市道路驾驶正确使用喇叭

鸣喇叭是车辆提醒其他交通参与者的方式之一。遇到特定情况情形时，可以鸣喇叭提醒其他交通参与者，但是鸣喇叭每次尽量不要超过三次，过于频繁的鸣喇叭不仅不能起到正面提醒的作用，反而容易引起其他交通参与者的反感，甚至引发路怒（图 5-15）。高分贝的鸣喇叭容易给特定人群产生不良的影响，因此在某些特定情形时，不得连续或者长鸣喇叭催促。此外，在能见度较低的气象条件下或者通过存在视野盲区的道路时，应使用喇叭提醒周边其他交通参与者，遇有对方车辆鸣喇叭时，应及时鸣喇叭回应对方，提醒对方己车的存在。

图 5-15　城市道路正确使用喇叭

（1）不宜鸣喇叭的情况驾驶人驾驶机动车在禁止鸣喇叭的区域或者路段不得鸣喇叭。

（2）驾驶人驾驶机动车遇有以下情形，不得连续或者长鸣喇叭催促：

①遇有老、弱、病、残、孕等行动不便的行人时；

②在居民小区、人行横道、交叉口遇有行人、儿童等情况时；

③行驶至道路拥堵路段时。

（3）驾驶人驾驶机动车遇有以下情形时，可轻按一下喇叭进行提醒，连续使用喇叭不超过三次：

①非机动车驾驶人和行人准备进入驾驶车辆所在的行车道；

②其他车辆准备驶入驾驶车辆所在的行车道而驾驶车辆具备优先通行权；

③其他驾驶人因精神不集中而未看到驾驶车辆，但不会对驾驶人造成严重威胁；

④行驶在视野存在盲区的道路上，如急弯、坡道顶端等；

⑤准备超车时。

八、轻微事故及时撤离现场

驾驶人一定要做到守法驾驶、文明驾驶。万一发生了剐蹭等轻微事故，也不要斗气追车或蛮不讲理使事件升级。发生轻微碰擦事故后，当事双方应按照快速理赔的程序处理，对现场进行拍照，互留联系方式，然后及时撤离现场，约定时间去快速理赔中心处理。如果不撤离现场容易导致交通拥堵，甚至引发交通事故，后果更不堪设想。

文明驾驶三字经

有剐蹭，和气谈，退一步，天地宽。

第六章　城市道路交通事故案例分析

道路交通环境如同一个小社会，而城市道路交通环境就如同这个小社会的一个缩影，既体现着社会的文明程度，也同时凸显了社会存在的问题。与山区道路、乡村道路等其他道路不同，城市道路因为交通流密集，交通参与者众多往往成为交通事故密集频发的地点。在众多不同类型的城市道路交通事故中，由于酒驾、超速、违反交通信号灯、疲劳驾驶、分心驾驶、愤怒驾驶、占用应急车道以及逆行驾驶这八种原因导致的交通事故数量较多。本章介绍了上述八种交通违法行为引发的城市道路交通事故，并对事故进行了分析，驾驶人在驾驶时应当引以为戒，避免此类事故的发生。

第一节　城市道路饮酒驾驶引发的交通事故

酒驾是城市中最容易导致交通事故的违法行为之一。饮酒是城市中比较普遍的生活方式与社交方式，受城市“酒文化”的影响，喝酒在社会的交际应酬、同学聚会、走亲访友过程中非常普遍。许多驾驶人明知道喝酒会导致触觉能力降低，判断能力和操作能力降低、视觉障碍、心理控制障碍以及疲劳等，其受侥幸心理、特权心理、从众心理、冒险心理的影响，仍然会酒后驾驶。

最高人民法院日前公布了《最高人民法院关于常见犯罪的量刑指导意见（二）（试行）》，从 2018 年 5 月 1 日起，针对 8 种常见犯罪的量刑，出台指导意见。引人关注的是，对于醉酒驾驶机动车的被告人，情节显著轻微危害不大的，不予定罪处罚；犯罪情节轻微不需要判处刑罚的，可以免予刑事处罚。

一、事故案例

某年1月15日晚，驾驶人靳某与朋友到饭店聚餐，席间喝了大量白酒。当天23时许，一行人驾驶机动车离开。途中当车辆由东向西行驶至北京市昌平区某大学南门时失控，小型客车右侧撞到道路北侧路树木，造成车内两人死亡，四人不同程度受伤。经检测，驾驶人靳某血液中检出酒精，含量为189.7mg/100mL。经交通管理部门认定，靳某负事故全责。昌平区检察院以被告人靳某涉嫌交通肇事罪向昌平法院提起公诉。昌平法院经审理认为，靳某违反交通运输管理法规，醉酒后驾驶机动车发生重大交通事故，致二人死亡、一人重伤、二人轻伤、一人轻微伤，负事故全部责任，情节特别恶劣，构成交通肇事罪，对其判处有期徒刑四年九个月。

国家质量监督检验检疫局发布的《车辆驾驶人员血液、呼气酒精含量阈值与检验》(GB 19522—2004) 中规定：驾驶人员每100mL血液酒精含量大于或等于20mg，并每100mL血液酒精含量小于80mg为饮酒后驾驶；每100mL血液酒精含量大于或等于80mg为醉酒驾驶。

二、事故原因及分析

驾驶人靳某酒后驾驶机动车，造成二人死亡、一人重伤、二人轻伤、一人轻微伤的严重后果，其行为违反了：①《中华人民共和国刑法》第一百三十三条：违反交通运输管理法规，因而发生重大事故，致人重伤、死亡或者使公私财产遭受重大损失的，处三年以下有期徒刑或者拘役；交通运输肇事后逃逸或者有其他特别恶劣情节的，处三年以上七年以下有期徒刑；因逃逸致人死亡的，处七年以上有期徒刑。②《道路交通安全法》第二十二条第二款规定：饮酒、服用国家管制的精神药品或者麻醉药品，或者患有妨碍安全驾驶机动车的疾病，或者过度疲劳影响安全驾驶的，不得驾驶机动车。

三、法律责任

（一）情形一：饮酒驾驶机动车，酒精含量20 ~ 80mg/100mL（不含）

直接成本：驾驶证记12分 + 暂扣6个月机动车驾驶证 +1000元以上2000

元以下罚款。

一次饮酒被处罚后再次饮酒的：10 日以下拘留 +1000 元以上 2000 元以下罚款 + 吊销机车驾驶证。

法律小贴士

《中华人民共和国道路交通安全法》第九十一条第一款规定。

饮酒后驾驶机动车的，处暂扣六个月机动车驾驶证，并处 1000 元以上 2000 元以下罚款。因饮酒后驾驶机动车被处罚，再次饮酒后驾驶机动车的，处 10 日以下拘留，并处 1000 元以上 2000 元以下罚款，吊销机动车驾驶证。

（二）情形二：醉酒驾驶，酒精含量达到或超过 80mg/100mL

直接成本：约束至酒醒 + 吊销驾驶证 +5 年内不得重新取得机动车驾驶证 + 追究刑事责任。

法律小贴士

《中华人民共和国道路交通安全法》第九十一条第二款规定。

醉酒驾驶机动车的，由公安机关交通管理部门约束至酒醒，吊销机动车驾驶证，依法追究刑事责任；五年内不得重新取得机动车驾驶证。

（三）情形三：酒驾发生重大交通事故构成犯罪

直接成本：追究刑事责任 + 吊销机动车驾驶证 + 终生禁驾。

法律小贴士

①《中华人民共和国道路交通安全法》第九十一条第五款规定。

饮酒后或者醉酒驾驶机动车发生重大交通事故，构成犯罪的，依法追究刑事责任，并由公安机关交通管理部门吊销机动车驾驶证，终生不得重新取得机动车驾驶证。

②《中华人民共和国刑法》第一百三十三条【交通肇事罪；危险驾驶罪】规定。

违反交通运输管理法规，因而发生重大事故，致人重伤、死亡或者使公私财产遭受重大损失的，处三年以下有期徒刑或者拘役；交通运输肇事后逃逸或者有其他特别恶劣情节的，处三年以上七年以下有期徒刑；因逃逸致人死亡的，处七年以上有期徒刑。

③《中华人民共和国刑法》第一百三十三条之一规定。

在道路上驾驶机动车，有下列情形之一的，处拘役，并处罚金：

（一）追逐竞驶，情节恶劣的；

（二）醉酒驾驶机动车的；

（三）从事校车业务或者旅客运输，严重超过额定乘员载客，或者严重超过规定时速行驶的；

（四）违反危险化学品安全管理规定运输危险化学品，危及公共安全的。

机动车所有人、管理人对前款第三项、第四项行为负有直接责任的，依照前款的规定处罚。

有前两款行为，同时构成其他犯罪的，依照处罚较重的规定定罪处罚。

四、案例警示

饮酒后驾驶人不仅视线模糊，而且注意力和驾驶能力都有不同程度的下降。

（1）饮酒会导致驾驶人视线模糊。驾驶人在行车中，大多数信息都是靠视觉获得的，而驾驶人饮酒后，视线模糊，尤其是对色彩的感觉功能降低，直接影响了驾驶人对有颜色信息选择反应中的识别功能，使得识别过程延长，失误增多，对驾驶人反应的及时性、准确性产生不利影响。驾驶人饮酒后视力会发生两种变化，一是会出现远视，视近为远，二是视物的立体感发生误差，视大为小。所以，许多酒后驾驶者会发生撞电杆或与前方车追尾相撞的事故。

（2）饮酒会降低驾驶人的注意力。酒精对脑组织的亲和力较强，对人的中枢神经起麻醉抑制作用，导致驾驶人注意力涣散，反应能力下降，思维迟缓，技术操作的精确度减退，进而导致交通事故的发生。

（3）饮酒会降低驾驶人的驾驶能力。驾驶人在没有饮酒的情况下行车，发现前方危险情况，从视觉感知到踩制动踏板的动作中间反应时间一般为0.75s。而当饮酒驾驶人体内酒精浓度达到0.3%时，驾驶能力就有所下降；浓度达到100mg时，下降35%，达到150mg时，下降50%。致使驾驶人在行车过程中上动作失调，手脚灵敏性降低，不能及时准确处置危险情况，极易导致交通事故的发生。

五、避免酒后驾驶

在所有的交通事故中，因酒后驾驶所造成的事故占了相当大的比例，防范酒后驾驶已成为世界性的一个研究课题。在日本，驾驶人酒后开车发生的交通事故约占全年交通事故的3%；因酒后开车肇事而死亡的人数，约占各种车祸死亡总人数的6%。在美国，通过对车祸中的死者进行尸检发现，因车祸死亡的驾驶人中，有35%的人在开车前喝过酒。我国也不例外，据统计，2007年全国查处各类交通违法行为中，酒后驾驶达30多万人次，驾驶人死亡档案中也有30%与酒后驾驶有关。这一组组触目惊心的数字，为我们敲响了安全警钟，也凸显了酒后驾驶的危害程度。

“车祸猛于虎”。酒后驾驶付出的代价是惨痛的，一旦出事故，首先受到伤害的就是驾驶人和乘车人员，轻者皮肉之苦，重者终身残疾甚至失去生命。身体上的残疾，给自己造成精神上的打击，留下终生遗憾和永久的伤痛。车毁人亡则注定妻离子散，给幸福的家庭带来巨大的创伤。幸存者往往成了残疾人，不仅造成了肉体、精神上的痛苦，家庭成员要照顾伤者，还要承担巨额费用。保险公司对酒后驾驶造成的所有损失都是拒赔的。

作为一名驾驶人，应该远离酒杯，这才是扼制酒后驾驶行为的关键中的关键。喝酒不仅会伤害身体，酒后驾驶引发事故更会带来重大的人身伤亡和经济损失。有人说，中国的国情决定了酒与人们的生活密不可分。亲朋好友相聚饮酒只要不过度，但饮无妨。但在驾驶人掏出车钥匙准备起动车辆的那一刹那，请想一想孩子和家人，想一想那些血肉模糊的酒后驾驶事故现场。“人情”与法律，一时的冲动和家人期待的目光，孰轻孰重。

酒后驾驶，潜藏着严重安全隐患，要想真正杜绝此类交通违法行为，需要提高广大驾驶人的交通安全意识，也需要亲朋好友的配合监督。严禁酒后驾驶，对于减少“马路杀手”，保障道路安全畅通和经济建设，保障国家财产和人民生命财产的安全，为全面建设小康社会创造良好的交通条件有着重要的现实意义及深远意义。

第二节　城市道路超速驾驶引发的交通事故

超速驾驶机动车行为是一种恶劣违法行为，每年因为超速而造成的交通事故占了交通事故总量的很大一部分。超速行驶不仅是对于道路交通法律法规的蔑视，同时也是对驾驶人自身以及家庭的不负责任。城市中，超速行驶而导致的事故时有发生，这其中包括驾驶人寻求刺激存侥幸心理没有看到限速标志等很多原因。然而不论有何种理由，城市道路超速驾驶的危险系数都要更高，城市内车流密度大，紧急制动的避让空间不足，往往一辆车超速行驶会导致多车的连续追尾，造成非常严重的交通事故。

超速行驶可以尽快到达目的地，但更有可能尽快到达地狱。车速是影响行车稳定性和安全性最直接的因素之一。速度越快，避免危险或碰撞的反应时间就越短，发生碰撞造成的损害也就越大，如图 6–1 所示。随着速度增大，驾驶人对距离的判断能力下降；驾驶人的注视点变远，视野变窄；反应时间延长，制动距离延长，会干扰正常行驶车流，加重事故后果。许多驾驶人认为，超出最高限速 5~10km/h 是“可以接受”的，这是一种非常危险的侥幸心理。

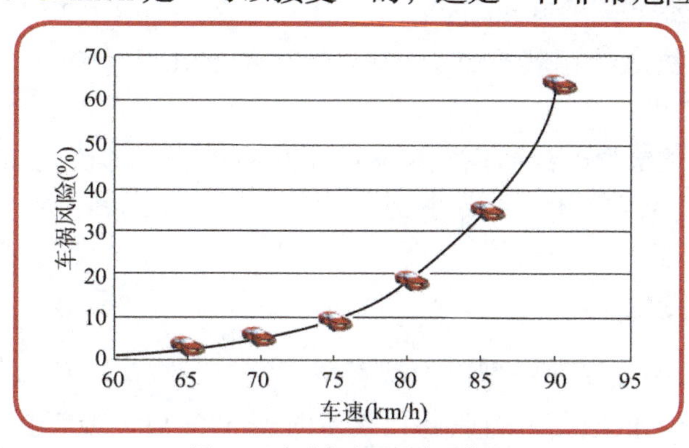

图 6–1　车速与车祸风险系数表

一、事故案例

某年 10 月 26 日北京市朝阳区北苑路发生一起小型客车连撞六辆机动车的交通事故，交管部门勘查现场后发现，该事故系由驾驶人练某某驾驶小型客车超速行驶且未尽到驾驶人安全驾驶义务所致，案发时该车辆行驶速度达到 119.6~146.4km/h，根据《中华人民共和国道路交通安全法实施条例》及《道路交通事故处理程序规定》，练某某承担事故全部责任。目前练某某被警方依法向检察机关提请批准逮捕。

二、事故原因及分析

本事故的主要原因是小型客车驾驶人练某某超速行驶，违反了：①《中华人民共和国道路交通安全法实施条例》第四十二条：机动车上道路行驶，不得超过限速标志标明的最高时速。在没有限速标志的路段，应当保持安全车速。夜间行驶或者在容易发生危险的路段行驶，以及遇有沙尘、冰雹、雨、雪、雾、结冰等气象条件时，应当降低行驶速度。②《中华人民共和国道路交通安全法实施条例》第四十五条规定：机动车在道路上行驶不得超过限速标志、标线标明的速度。在没有限速标志、标线的道路上，机动车不得超过下列最高行驶速度：（一）没有道路中心线的道路，城市道路为 30km/h，公路为 40km/h；（二）同方向只有 1 条机动车道的道路，城市道路为 50km/h，公路为 70km/h。③《中华人民共和国道路交通安全法实施条例》第八十五条规定：城市快速路的道路交通安全管理，参照本节（第五节高速公路的特别规定）的规定执行。

城市道路、公路限速规定：

（1）城市主干道限速 60km/h；

（2）城市快速路限速分别为 60km/h 和 80km/h 两个级别，视道路设计安全行驶要求而定；

（3）没有道路中心线的城市道路限速 30km/h，公路限速 40km/h；

（4）同方向只有 1 条机动车道的城市道路限速 50km/h，公路限速 70km/h。

三、法律责任

（一）情形一：驾驶中型以上载客载货汽车、校车、危险物品运输车辆在高速公路、城市快速路上行驶超过规定时速 20% 以上或者在高速公路、城市快速路以外的道路上行驶超过规定时速 50% 以上，以及驾驶其他机动车行驶超过规定时速的 50% 以上的。

直接成本：记 12 分 + 罚款 200 元以上 2000 元以下 + 可以并处吊销机动车驾驶证。

法律小贴士

①《机动车驾驶证申领和使用规定》附件四规定。

一、机动车驾驶人有下列违法行为之一，一次记 12 分：

（九）驾驶中型以上载客载货汽车、校车、危险物品运输车辆在高速公路、城市快速路上行驶超过规定时速 20% 以上或者在高速公路、城市快速路以外的道路上行驶超过规定时速 50% 以上，以及驾驶其他机动车行驶超过规定时速的 50% 以上的。

②《中华人民共和国道路交通安全法》第九十九条规定。

有下列行为之一的，由公安机关交通管理部门处 200 元以上 2000 元以下罚款：

（四）机动车行驶超过规定时速 50% 的。

（二）情形二：驾驶中型以上载客载货汽车、校车、危险物品运输车辆在高速公路、城市快速路上行驶超过规定时速未达 20% 的；驾驶中型以上载客载货汽车、校车、危险物品运输车辆在高速公路、城市快速路以外的道路上行驶或者驾驶其他机动车行驶超过规定时速的 20% 以上未达到 50% 的。

直接成本：记 6 分 + 警告或者 20 元以上 200 元以下罚款。

法律小贴士

①《机动车驾驶证申领和使用规定》附件四规定。

二、机动车驾驶人有下列违法行为之一，一次记 6 分：

（四）驾驶中型以上载客载货汽车、校车、危险物品运输车辆在高速公路、城市快速路上行驶超过规定时速未达 20% 的。

（五）驾驶中型以上载客载货汽车、校车、危险物品运输车辆在高速公路、城市快速路以外的道路上行驶或者驾驶其他机动车行驶超过规定时速的 20% 以上未达到 50% 的。

②《中华人民共和国道路交通安全法》第九十条规定。

机动车驾驶人违反道路交通安全法律、法规关于道路通行规定的，处警告或者 20 元以上 200 元以下罚款。本法另有规定的，依照规定处罚。

（三）情形三：驾驶中型以上载客载货汽车、危险物品运输车辆在高速公路、城市快速路以外的道路上行驶或者驾驶其他机动车行驶超过规定时速未达 20% 的。

直接成本：记 3 分 + 警告或者 20 元以上 200 元以下罚款。

法律小贴士

①《机动车驾驶证申领和使用规定》附件四规定。

三、机动车驾驶人有下列违法行为之一，一次记 3 分：

（二）驾驶中型以上载客载货汽车、危险物品运输车辆在高速公路、城市快速路以外的道路上行驶或者驾驶其他机动车行驶超过规定时速未达 20% 的。

②《中华人民共和国道路交通安全法》第九十条规定。

机动车驾驶人违反道路交通安全法律、法规关于道路通行规定的，处警告或者 20 元以上 200 元以下罚款。本法另有规定的，依照规定处罚。

四、案例警示

车辆超速行驶可能导致诸多问题。

第一，超速行驶会降低车辆操作的稳定性。超速行驶加大了车身顶部和底部气流速度差，这一速度差，使得车身产生了向上的升力，降低了车辆在行驶过程中的稳定性。转弯时如果超速，过大的离心力使车辆变得极难驾驭，甚至失控，如果在路面附着系数较小的道路上行驶，就可能侧滑、撞车，如果在路面附着系数较大的道路上行驶，可能造成翻倾等事故。

第二，超速行驶会降低驾驶人对路况判断的准确性。超速驾驶迫使驾驶人的视线移到车辆前远方，近处物体显得更加模糊，车速越快，驾驶人视野越窄，对速度及路况的判断力越低，也就越容易发生事故。当车速为40km/h时，视野范围为100度；车速达到90km/h时，视野范围只有54度如图6-2所示。

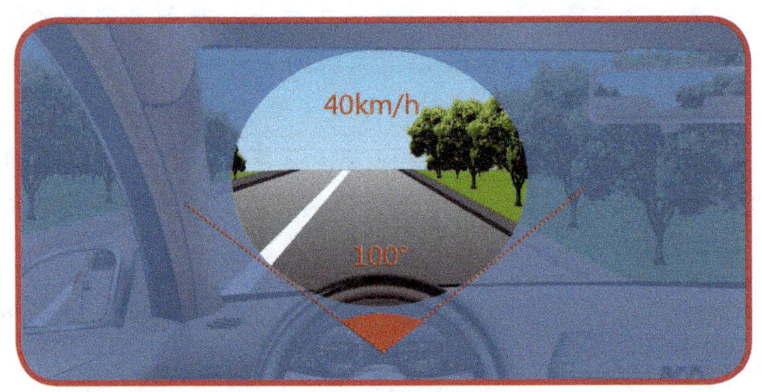

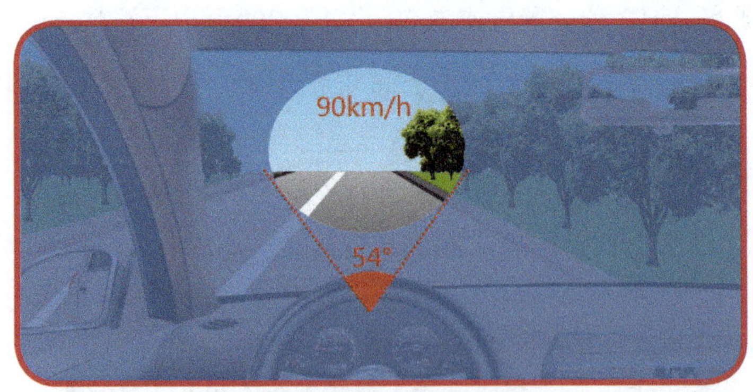

图6-2 超速使驾驶人视野变窄

第三，超速行驶可能导致制动距离延长，跟车时，必然要缩短与前车的间距，这就很容易发生追尾事故。车辆制动距离主要是受车速制约，车辆持续制动距离是与车速的平方成正比，由于惯性作用，车速越快，制动距离越大，制动非安全期越长，从而增大了事故发生的概率。

第四，超速行驶可能加剧驾驶疲劳。超速行驶必然在单位时间内感知和处理信息增加，操作动作频繁，大大增加疲劳程度，极易发生事故。

第五，超速行驶可能导致驾驶人心理紧张。超速行驶会造成心理紧张，如果突然遇到意外情况，慌乱之中根本无暇冷静思考，判断失误，交通事故往往就在此时发生。

五、避免超速驾驶

“十次事故九次快”，这是众所周知的道理。然而，在车速选择的问题上，还有一些真实存在的规律是很多驾驶人并不熟悉或重视的。了解并接受这些客观真实存在的规律常识，对于保证安全行车来说非常有必要。速度错觉实际上属于一种惯性错觉，由于驾驶人是根据观察到的景物移动相对参照物来估计车速的，景物移动的多少和丰富程度会导致对车速的不同判断，因此，在市区道路上对车速易于估高，在原野道路上易于估低；在加速时易于将车速估高，减速时易于估低；长时间以某一速度行驶后会对该速度适应，甚至会下意识低估真实的行车速度。碰撞试验表明，决定事故损害程度的直接因素在于相对行车速度而不是绝对行车速度，也就是说，当两辆车发生碰碰撞事故的时候，两车接触前瞬间的相对速度是最关键的要素。因此，有意识地克服持续高速行车带来的“速度麻痹”，始终以车速表而不是感官判断来控制车速，是非常重要的要求。

第三节　城市道路驾驶违反交通信号灯引发的交通事故

违反交通信号灯引发的事故非常严重。城市中，驾驶人为了抢信号灯跳转前的几秒钟，心存侥幸，结果造成车毁人亡的交通事故。城市中车流量大，违反交通信号灯通行，即使没有造成交通事故，可能引发交通混乱，对他人出行造成影响。

一、事故案例

某年 4 月 23 日晚，烟台开发区交警大队夜查小组巡逻至长江路古现西村附近时，发现一辆渣土车以飞快的速度沿长江路由西向东行驶，行驶过程中不断地变换车道，并且不按路口导向箭头行驶。民警为了及时制止该渣土车的野蛮行驶行，立即驱车跟了上去。让民警震惊的是该车途经长江路与衡阳路、长江路与澳门路路口时连续闯红灯，在闯红灯的过程中还差点与两名行人发生交通事故。由于渣土车车速过快，民警驾驶机动车追了4个路口才将该车强行拦下，这一过程被执法记录仪全程拍摄下来，驾驶人在铁证面前当场承认了自己的违法行为。民警对现场驾驶人进行了严厉批评教育，并依法对其进行处200元罚款，记6分。

二、事故原因及分析

虽然上述案例中，驾驶人闯红灯的行为并未引发严重的交通事故，但是驾驶人的危险驾驶行为，几乎导致与两名行人发生碰撞，其驾驶机动车闯红灯的行为严重违反了①《中华人民共和国道路交通安全法》第三十八条：车辆、行人应当按照交通信号通行；遇有交通警察现场指挥时，应当按照交通警察的指挥通行；在没有交通信号的道路上，应当在确保安全、畅通的原则下通行。②《中华人民共和国道路交通安全法》第四十四条规定：机动车通过交叉路口，应当按照交通信号灯、交通标志、交通标线或者交通警察的指挥通过。③《中华人民共和国道路交通安全法实施条例》第三十八条第三款的规定：红灯亮时，禁止车辆通行。

三、法律责任

直接成本：记6分+警告或者20元以上200元以下罚款。

法律小贴士

①《机动车驾驶证申领和使用规定》附件四规定。

二、机动车驾驶人有下列违法行为之一，一次记6分：

（二）驾驶机动车违反道路交通信号灯通行的。

②《中华人民共和国道路交通安全法》第九十条规定。

机动车驾驶人违反道路交通安全法律、法规关于道路通行规定的，处警告或者20元以上200元以下罚款。本法另有规定的，依照规定处罚。

四、案例警示

违反交通信号是导致道路交通事故的重要原因。违反交通信号严重影响道路通行秩序和通行效率，驾驶机动车违反交通信号的行为主要有违反禁令标志和禁止标线指示、闯红灯、不按车道通行等；驾驶非机动车违反交通信号的行为主要有不走非机动车道、逆向行驶、闯红灯等；行人违反交通信号的行为主要有闯红灯、不在人行道内行走、不服从交警指挥等。遵守交通信号既是法律的要求，同样也是为了保障驾驶人和其他交通参与者的人身安全。不论时间多么紧迫，驾驶人都应当遵信号而行，服从交通信号的指示。

五、闯红灯的排他情形

城市道路驾驶中，交通信号灯是交通处罚与否的关键标志，也是保障安全形势和交通顺畅的护卫者。现实驾驶过程中，一些驾驶人总是为自己的闯红灯找借口，但是在特定情况下，确实存在“误闯红灯”的情形。此类闯红灯的排他情形，驾驶人可以通过自我救济的方法避免处罚。

（一）情形一：压线后及时制动停车

驾驶人因为车速过快赶上黄灯变红灯没制动停住车，或者因为前边有大型车辆挡住视线没看到红灯等原因，压线或出了线，这时候及时制动停住车辆，此类情况不会算做闯红灯，但是驾驶人在这种情况下不能再前进或者后退。

（二）情形二：礼让特殊车辆

驾驶人如果在路口等待时，后方出现了救护车、消防车、警车等特殊车辆，此时如果车辆因为礼让这些特殊车辆，事后如收到交通违法通知，可向交通管理部门解释，或申请行政复议。

（三）情形三：跟随大型车辆，误闯红灯

驾驶人跟随大型车辆，因为视线被挡，误闯红灯，如果被电子眼拍到，也可以到交通管理部门申请复议的。但是根据因为《中华人民共和国道路交通安全法》第四十三条明确规定：同车道行驶的机动车，后车应当与前车保持足以采取紧急制动措施的安全距离。所以跟在大车后没看见红灯不能作为不被处罚的理由，驾驶人驾驶车辆在道路上行驶，应当与前车保持足够的安全距离，以确保能够清楚观察前方道路及交通标志、标线、交通信号灯以及安全制动距离为标准，避免出现违法行为或追尾交通事故。开车上路在无法分辨路口红绿灯状况时，正确的做法是停车等待或减速观察，宁可在这个信号周期过不去，也要等视线清楚后再通过。驾驶人在保持安全距离的前提下，还可以通过观察路口垂直方向信号灯来辅助判断。大多数路口每个方向都设置有信号灯，正前方的看不到时，可以看其他灯组，比如可以看路口侧面位置垂直方向的信号灯、人行横道灯，来判断通行方向的信号灯是红灯还是绿灯。

第四节　城市道路疲劳驾驶引发的交通事故

疲劳驾驶不容小觑，稍有不慎，机动车驾驶人就会为自己的疲劳驾驶买单。

一、事故案例

某年6月25日，驾驶人钟某驾驶小型汽车由东向西行驶至北京市房山区涞宝路十渡卫生院迤西时驶入道路左侧，适时驾驶人穆某驾驶小型汽车由西向东驶来，两辆车左前部相撞，造成1人死亡，4人受伤，2辆车辆损害。经北京市公安局公安交通管理局房山交通支队认定，驾驶人钟某疲劳驾驶机动车驶入道路左侧的交通违法行为，与本起道路交通事故发生有因果关系，是事故发生的全部原因。驾驶人钟某负全部责任，驾驶人穆某无责任。经法院审理，钟某疲劳驾驶机动车驶入道路左侧，因而发生重大交通事故，造成一人死亡，负事故全部责任，其行为已构成交通肇事罪，依法应予惩处。

二、事故原因及分析

本事故的主要原因是驾驶人钟某疲劳驾驶，其违反了①《中华人民共和国道路交通安全法》第二十二条第一款规定：机动车驾驶人应当遵守道路交通安全法律、法规的规定，按照操作规范安全驾驶、文明驾驶。②《中华人民共和国道路交通安全法实施条例》第一百零四条规定：机动车驾驶人有下列行为，又无其他机动车驾驶人即时替代驾驶的，公安机关交通管理部门依法给予处罚：饮酒、服用国家管制的精神药品或者麻醉药品、患有妨碍安全驾驶的疾病，或者过度疲劳仍继续驾驶的。

三、法律责任

直接成本：警告或者20元以上200元以下罚款。

法律小贴士

《中华人民共和国道路交通安全法》第九十条规定。

机动车驾驶人违反道路交通安全法律、法规关于道路通行规定的，处警告或者20元以上200元以下罚款。本法另有规定的，依照规定处罚。

四、案例警示

疲劳驾驶是一种严重的社会问题，它不仅会影响自身安全，还会危害其他道路使用者，引起了各国政府的高度重视。但目前缺乏有效的检测与防止疲劳驾驶的技术手段，为减少疲劳驾驶造成的事故，各国普遍采取的措施是限制驾驶人的驾驶时间。

如图 6–3 所示，城市道路驾驶应预防疲劳驾驶，我国法律明确规定机动车驾驶人不得“连续驾驶机动车超过 4h 未停车休息或者停车休息时间少于 20min”。所以说出现连续驾驶超过 4h 或者停车休息时间少于 20min 情形的都将按照疲劳驾驶查处。疲劳驾驶是一种无法控制的睡眠需求状态，也是我们最无法抗拒的生理驱动因素之一。驾驶人不能“假设”自己可以不眠不休，不管他们有多么专业或者兴致高昂。人体自身就有一个天然的“节拍器”，调节大脑释放出荷尔蒙激素。这种激素在每天的两个时段强烈地驱使我们去睡觉：下午 2 点到 4 点以及午夜到早上 6 点，这也就不奇怪为什么大多数疲劳驾驶事故都发生在深夜或者清晨了。

图 6–3　城市道路驾驶预防疲劳驾驶

五、避免超速驾驶

尽管法律明令禁止疲劳驾驶，但是很多驾驶人在感到疲劳之后仍然继续驾驶。个人问题、睡眠症状、时间因素以及许多其他问题都有可能加重疲劳驾驶情况，从而造成严重后果。当驾驶人疲劳时，对周围环境的警惕性就会下降，反应时间就会变长，还会影响短期记忆力、决策能力以及处理重要信息的能力。有时候驾驶人会处在一种“微睡眠”的状态，每隔一会儿就会打瞌睡，短时间内对周围环境几乎没有任何警惕性。在这种情况下，驾驶人很可能把车辆开出路外、错过转弯处或者忽视了重要的提示信息。请记住：睡眠是没有替代品的。到安全的地方停车休息一会儿，打个盹，或者下车散散步，都比跟睡眠的欲望抗争更有效果——那是一场不可能获胜的战斗。

第五节　城市道路分心驾驶引发的交通事故

根据国际标准化组织（ISO）的定义，分心驾驶是指驾驶时注意力指向与正常驾驶不相关的活动，从而导致驾驶操作能力下降的一种现象。分心驾驶不仅仅指开车时打手机，与乘客交谈、听音乐、思考问题，甚至是东张西望、抽烟都属于分心驾驶。驾驶过程中一个不经意间的一个视线转移都有可能导致一次惨痛的交通事故。为了自己和他人的生命财产安全，机动车驾驶人应拒绝分心驾驶。

一、事故案例

某年3月29日，重庆市江北鱼嘴镇驾驶人罗某驾驶蓝色小型客车，在加油站加完油之后，发现工作人员找的零钱掉到了座位底下，罗某在右转驶出加油站过程中弯腰捡钱，撞到路上正常行驶的银色小型客车，造成蓝色小型客车车身刮伤，银色小型客车左侧车身被撞凹陷，无人员伤亡。

二、事故原因及分析

蓝色小型客车驾驶人罗某分心驾驶，造成双方车辆损失约2000元，其行为违反了：《中华人民共和国道路交通安全法实施条例》第五十二条第一款第三项机动车通过没有交通信号灯控制也没有交通警察指挥的交叉路口，除应当遵守第五十一条第（二）项、第（三）项的规定外，还应当遵守下列规定：（三）转弯的机动车让直行的车辆先行的规定，负事故的全部责任。根据《中华人民共和国道路交通安全法》第九十条之规定，罗某将面临记3分，罚款100元的处罚。

为了捡掉在车里的3元钱，在弯腰低头的瞬间就造成了车祸，罗某追悔莫及。

三、法律责任

直接成本：记2分＋警告或者20元以上200元以下罚款。

法律小贴士

①《中华人民共和国道路交通安全法实施条例》第六十二条规定。

驾驶机动车不得有下列行为：

（三）拨打接听手持电话、观看电视等妨碍安全驾驶的行为。

②《机动车驾驶证申领和使用规定》附件四规定。

机动车驾驶人有下列违法行为之一，一次记2分：

（二）驾驶机动车有拨打、接听手持电话等妨碍安全驾驶的行为的。

开车时看手机能够分散驾驶人 80% 的注意力，而剩下的 20% 注意力不足以保证安全驾驶。我国法律规定一切妨碍驾驶的行为都是违法行为，包括但不仅限于拨打、接听电话，驾驶人在开车时用手机看短信、刷微博等等，甚至还有驾驶人在驾驶过程中照镜子、化妆，如有证据证明，驾驶人存在其他属于妨碍安全驾驶的行为，公安交通管理部门也会依法对其进行处罚。

四、案例警示

因驾驶中捡拾物品、看手机、接打电话等不当操作行为导致的交通事故屡见不鲜，可能有的驾驶人认为短短的几秒钟不会有什么危害，然而，从拿起手机打开微信，到浏览一条新信息，眼睛至少要在屏幕定格 2s 左右。如果车辆分别按车速 20km/h、60km/h 行驶，1s 就要行驶 5.6m 和 16.7m。从低头再到抬头，最快也要 2s，当发现前方有情况时，驾驶人的反应时间是 0.02s，照此算下来，车辆又要行驶出 5~10m。而浏览一条信息大约需要 10s，当汽车以 30km/h 的车速行驶时，10s 就会行驶出 80 多 m，再加上反应时间及制动距离，从发现危险到车辆静止，所需的距离就可能超出 100m。这短短的 10s，足以让多人丧命。分心驾驶的影响如图 6–4 所示。

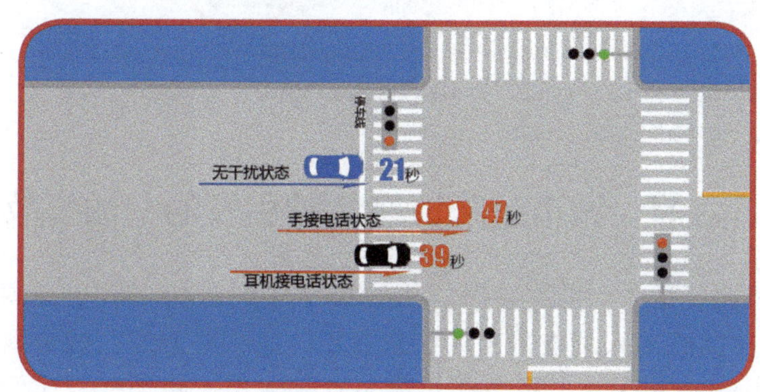

图 6–4 分心驾驶的影响

五、避免分心驾驶

驾驶人在开车之前要做好充分准备，时刻谨记为他人和自己的生命安全负责，避免分心驾驶（图 6–5）。

（1）提前做好出行准备。调节好车内设备，稳定情绪，适量饮食和喝水，避免在开车时吃东西、调空调、用导航、梳妆打扮等；如果赶时间，应提早出发，预留充足的时间，外出之前规划好路线。

（2）选择安全地点用餐、休息。驾驶人最好在出发之前用餐，或者到达目的地再用餐，如果长途驾驶旅行，可以中途选择安全的地点停车休息。

（3）避免使用手机。要将手机关机或调至静音，行车途中不手持接打电话、收发信息或使用扯上娱乐设施。

（4）专人照顾儿童。婴幼儿在车上应乘坐安全座椅，最好由一名成人专门照顾车上的儿童，尽量减少载儿童远行的机会。如随车携带宠物，应用约束装置将宠物约束在车内，以免对驾驶人造成干扰。

图 6-5　避免分心驾驶

第六节　城市道路愤怒驾驶引发的交通事故

“路怒症”是一个世界通病，早在 2001 年到 2003 年间，美国研究人员对 9282 位美国成年人调查得出的结果显示，患“路怒症”的美国驾驶人达 5%~7%，其中公交车、出租车和长途车驾驶人患“路怒症”比例更高，达 30% 以上。“路怒症”近年来在我国逐渐成为网络热词，喜欢在马路上和其他驾驶人竞争，超过对方就高兴，被对方超过就懊恼；觉得别人侮辱了自己，会产生报复心态，并很难克制；看到别的驾驶人错误或不守规矩的动作，尽管一点都没妨碍自己，但嫌恶的情绪仍会油然而生……驾驶人应放平心态，正确对待驾驶过程中遇到的人和事，以轻松愉快的心情上路。

一、事故案例

某年 5 月 3 日下午 14 时，成都驾驶人张某驾驶机动车行驶在成都三环路过程中，因女驾驶人卢某驾驶车辆多次突然连续变道，迫使张某紧急制动，随后张某猛踩加速踏板跟随卢某进入辅路，两车互相追逐、挤靠，并发生口角。张某驾驶机动车将卢某所驾车辆逼停，将其从车内拉出后进行殴打，造成卢某轻伤。经法医学鉴定，卢某伤情为轻伤二级。

6月2日，成都市公安局交通管理局第三分局对张某和卢某5月3日违法驾驶行为分别进行了行政处罚。

8月3日，经司法行政机关评估，被告人张某适宜纳入社区矫正。8月21日，成都市锦江区人民法院对备受社会关注的“男司机打女司机”案一审公开宣判，以故意伤害罪判处被告人张某有期徒刑八个月，缓刑一年。 案件审理过程中，经过锦江法院主持调解，张某与卢某达成赔偿协议，并进行了赔偿。卢某对张某的行为予以谅解，并出具书面谅解书。

二、事故原因及分析

事件发生以后，张某被带往当地派出所，在接受审讯时，他非常后悔，因为自己的一时冲动酿成大错，给自己的家庭和他人都带来了伤害。本次事件视频被上传网络后，引起百万网友热议，许多人认为，正是女驾驶人卢某的3次突然变道，导致了张某的路怒，才最终酿成了这次事件。卢某在住院期间发表公开《致歉信》，承认并反思自己在驾驶过程中存在鲁莽和不理智，对于违章驾驶、开斗气车的行为，自愿接受相关处罚；对其过往的驾驶陋习一定通过认真学习加以改正。

事件双方驾驶人张某和卢某一时冲动，不仅自身要受到法律的制裁，还对其他交通参与者的安全产生了威胁，其行为违反了《中华人民共和国道路交通安全法实施条例》第四十四条第二款：在道路同方向划有2条以上机动车道的，变更车道的机动车不得影响相关车道内行驶的机动车的正常行驶。张某大人的行为还违反了《中华人民共和国刑法》第二百九十三条：【寻衅滋事罪】有下列寻衅滋事行为之一，破坏社会秩序的，处五年以下有期徒刑、拘役或者管制：(一)随意殴打他人，情节恶劣的。

“路怒症”驾驶人所表现出来的“路躁”情绪源于驾驶中面临的各种压力，如交通拥堵、恶劣天气、车辆事故以及其他驾驶人的野蛮驾驶行为等。在封闭的车内空间，驾驶人遇到压力时更容易将怒火发泄出来，因此许多看起来温文尔雅的人开起车来会变得情绪暴躁。

三、法律责任

中国科学院心理研究所曾在北京、上海、广州等3个城市随机抽取900位驾驶人开展问卷调查，约35%的驾驶人承认自己属于“路怒族”，在驾驶时出现过强行变更车道、强行超车、争道抢行、连续鸣笛催促前车等驾驶行为，也曾因此发生过交通事故，甚至与其他驾驶人、行人发生肢体冲突。城市道路避免路怒驾驶如图6-6所示。

图6-6 城市道路避免路怒驾驶

法律小贴士

①《中华人民共和国刑法》第一百三十三条之一规定。

在道路上驾驶机动车，有下列情形之一的，处拘役，并处罚金：

（一）追逐竞驶，情节恶劣的。

有前两款行为，同时构成其他犯罪的，依照处罚较重的规定定罪处罚。

②《中华人民共和国刑法》第二百九十三条规定。

【寻衅滋事罪】有下列寻衅滋事行为之一，破坏社会秩序的，处五年以下有期徒刑、拘役或者管制：

（一）随意殴打他人，情节恶劣的；

（二）追逐、拦截、辱骂、恐吓他人，情节恶劣的。

③《中华人民共和国道路交通安全法》第四十三条规定。

同车道行驶的机动车，后车应当与前车保持足以采取紧急制动措施的安全距离。

有下列情形之一的，不得超车：前车正在左转弯、掉头、超车的；与对面来车有会车可能的；前车为执行紧急任务的警车、消防车、救护车、工程救险车的；行经铁路道口、交叉路口、窄桥、弯道、陡坡、隧道、人行横道、市区交通流量大的路段等没有超车条件的。

④《中华人民共和国道路交通安全法》第九十条规定。

机动车驾驶人违反道路交通安全法律、法规关于道路通行规定的，处警告或者 20 元以上 200 元以下罚款。本法另有规定的，依照规定处罚。

⑤《中华人民共和国道路交通安全法实施条例》第四十四条规定。

在道路同方向划有 2 条以上机动车道的，变更车道的机动车不得影响相关车道内行驶的机动车的正常行驶。

⑥《机动车驾驶证申领和使用规定》附件四规定。

机动车驾驶人有下列违法行为之一，一次记 3 分：

机动车驾驶人驾驶机动车不按规定超车、让行的，或者逆向行驶的。

四、案例警示

路怒驾驶会引发强行超车、违法抢行、不按规定让行等多种道路交通违法行为，2012 年 1 月到 2015 年 4 月底，全国公安交管部门查处强行变更车道、强行超车、违法抢行、强行违法占道行驶和不按规定让行等“路怒”违法行为共计 1.04 亿起。由“路怒症”引发的道路交通事故起数也呈逐年上升趋势。路怒不仅会危害驾驶人身心健康，引发交通事故，严重的还会违反刑法，被判处危险驾驶罪。

（1）危害人身安全。路怒症本就是一种病，这种愤怒的精神状况会危害驾驶人的身心健康。

（2）引发交通事故。带着愤怒的心情开车极易引发交通事故，为了自己和乘车人的安全，驾驶人一定要注意提高自身修养和素质。

（3）严重者造成法律后果。如果因为路怒，导致两车驾驶人谩骂、甚至停车发生争执斗殴，轻则会被判为寻衅滋事罪，重则会被判处危险驾驶罪，法律后果极其严重。

五、避免愤怒驾驶

避免愤怒驾驶，要从自我做起，克制“路怒”。

（1）了解自己驾驶时在什么情况下容易愤怒，然后根据不同的情况调整自己的心态。设身处地地为他人着想，就能克制住自己的路怒情绪了。

（2）不要有假定他人违规的心理。当他人的驾驶行为对自己造成影响时，不要把对方树立为自己的假想敌，激发自己的敌意，继而产生追上去报复对方的冲动，对方可能是新手驾驶人，或者是对路况不熟，要予以理解。

（3）避免用他人的错误来惩罚自己。告诉自己他人开车不规矩、加塞不文明，不要因为他人的违法行为使自己失去理智受到惩罚。

（4）提高自身的精神文明和心理健康水平。学会合理疏泄情绪，不把不良情绪带到驾驶活动中。真正学会关爱他人、多站在他人的角度上考虑问题，才能在复杂的交通状况中化解愤怒。

（5）通过音乐有效缓解驾驶愤怒。研究发现，舒缓的音乐能够对预防驾驶人超速驾驶有积极作用，特别是严重交通堵塞情境下，能降低驾驶人的应激以及驾驶攻击。

第七节　城市道路驾驶占用应急车道引发的交通事故

应急车道主要设在城市环线、快速路及高速公路两侧，专门供工程救险、消防救援、医疗救护或民警执行紧急公务等处理紧急事务的车辆使用，任何社会车辆非紧急情况禁止驶入或者在车道内停留。普通社会车辆在乘客突发疾病、发生车轮爆胎、车辆制动失灵或转向失控、行车遭遇事故或发生火灾、爆炸等意外情况时也可驶入应急车道，但是一些驾驶人把“困了在应急车道临时歇息”“换驾驶人”“设导航查地图”“为小孩换尿布”“方便”等也作为驶入应急车道的理由，这种情况下城市快速路应急车道停车不仅违法交通法规，而且会埋下严重的道路交通安全隐患。

一、事故案例

某年 4 月 9 日早晨 7 时许，北京市东六环李桥镇附近路段北向南方向发生一起交通事故，一辆红色重型载货汽车在行驶时突然爆胎失控，如一匹脱缰野马冲向路边，撞上了一辆停在应急车道上的价值百万元的绝版迈巴赫 62 小型客车。在事故发生的时候，几辆重型载货汽车正在高速公路的内侧行驶，但是因为前方发生紧急情况，重型载货汽车紧急制动，因为跟车距离过于接近无法躲避，先与前方货车追尾，随之继续滑向道路右侧，撞到了停在路边的迈巴赫62小型客车。事故现场无人身伤亡。

二、事故原因及分析

事故发生时，婚礼车队停在应急车道上，当事迈巴赫牌小型客车为婚礼车队车头，不仅占用了应急车道而且还没有挂车牌，直接导致了碰撞事故的发生。

该案例中迈巴赫牌小型客车驾驶人违反了《道路安全交通法》第十一条：驾驶机动车上道路行驶，应当悬挂机动车号牌，放置检验合格标志、保险标志，并随车携带机动车行驶证。公安机关交通管理部门应当扣留该机动车，并对驾驶人处以罚款200元记12分。同时，重型载货汽车失控追尾是由于在当时车速下没有保持合理的车距，其驾驶人违反了《中华人民共和国道路交通安全法实施条例》第八十条：机动车在高速公路上行驶，车速超过100km/h时，应当与同车道前车保持100m以上的距离，车速低于100km/h时，与同车道前车距离可以适当缩短，但最小距离不得少于50m。因此也要对事故承担一定的责任。

三、法律责任

2017年五一小长假期间，全国公安交通管理部门共查处占用应急车道违法行为1923起，仅四川就查处255起。占用应急车道不仅会给自己和他人的安全带来危险，更会受到法律的严惩。

直接成本：记6分+罚款20元以上200元以下。

法律小贴士

①《中华人民共和国道路交通安全法》第六十八条规定。

机动车在高速公路上发生故障时，应当依照本法第五十二条的有关规定办理；但是，警告标志应当设置在故障车来车方向150m以外，车上人员应当迅速转移到右侧路肩上或者应急车道内，并且迅速报警。

②《中华人民共和国道路交通安全法》第九十条规定。

机动车驾驶人违反道路交通安全法律、法规关于道路通行规定的，处警告或者20元以上200以下罚款。本法另有规定的，依照规定处罚。

③《中华人民共和国道路交通安全法实施条例》第八十二条规定。

机动车在高速公路上行驶，不得有下列行为：

（四）非紧急情况时在应急车道行驶或者停车。

④《机动车驾驶证申领和使用规定》附件四规定。

机动车驾驶人有下列违法行为之一，一次记6分：

机动车驾驶人驾驶机动车在高速公路或者城市快速路上违法占用应急车道行驶的。

四、案例警示

应急车道又被称为高速公路的生命线，因为应急车道被占导致救援、救护车无法第一时间到达现场从而导致的悲剧屡见不鲜。占用应急车道造成了许多不良影响：

（1）导致交通拥堵时间延长。发生交通拥堵时，心急的驾驶人如果借走应急车道，导致应急车道堵塞，警车无法及时前往现场疏导交通，将造成更严重的交通拥堵。

（2）延误救援致人死亡。发生交通事故造成人员受伤、被困或引起火灾、爆炸时，如果应急车道被占用，救护车、消防车、清障车无法在第一时间赶赴现场救援，会延误伤员救治，甚至导致伤员死亡。

（3）易引发交通事故。应急车道有监控摄像头，一些驾驶人为躲避摄像头抓拍，一见到摄像头就紧急变道，城市快速机动车的行驶速度又普遍较快，极易引起事故，造成更严重的交通拥堵。

（4）破坏文明的社会风气。不按顺序排队行驶，占用应急车道，往往会产生极坏的负面示范效应，使遵规排队者因心理不平衡而产生效仿的举动，严重损害社会公平正义，破坏社会风气。

五、应急车道临时停车方法

如果真的发生了紧急情况需要在城市快速路应急车道上临时停车，一定要确保车辆必须停在应急车道白线内，并且车辆最好尽可能的靠近高速护栏、远离行车道。同时开启危险报警闪光灯，并在车辆后方150m处放置三角警示牌，能见度低或者夜晚还需要将放置三角警示牌的距离适当提升到200m以上（图6-7、图6-8）。

停车后车内乘客禁止继续待在车内，应该下车转移到护栏之外的安全区域内。另外需要注意的是选择应急车道停靠时，应尽可能避免在转弯路段。

图 6-7　应急车道临时停车示意

图 6-8　紧急停车错误做法

第八节　城市道路驾驶逆行引发的交通事故

我国实行机动车右侧通行的规定，在道路上靠左通行属于逆向行驶，逆行不但严重干扰正常的交通秩序，还容易造成交通堵塞，甚至引发交通事故。

一、事故案例

某年 4 月 16 日傍晚 18 时许，在重庆市南岸区南滨路往巴滨路方向一处下穿道口，驾驶人石某因对当地路况不熟，驾驶灰色金杯小型客车准备由巴南区往南岸区方向行驶，当行驶到南滨路与巴滨路交界处下穿道口时，看到左侧也有两条车道，径直就朝左边车道逆行驶去，与正常行驶的白色名爵牌小型客车相撞，白色名爵牌小型客车驾驶人李某向左急打转向盘，撞上了路边隔离带，车头卡在隔离带的花槽中，两车碰撞痕迹明显，名爵牌小型客车上还有两名乘客受擦伤。

按照《中华人民共和国道路交通安全法》第三十五条之规定，公安机关交通管理部门对石某逆向行驶的违法行为处以记 3 分、罚款 200 元。同时，认定由石某负本次事故全部责任，承担两车维修费用及市政设施损失赔偿。

二、事故原因及分析

上述案例在发生事故的路段有明显的靠右通行交通标志，驾驶人石某违反了《道路交通安全法》第三十五条：机动车、非机动车实行右侧通行。石某逆向行驶是造成本次事故的直接原因，对本次事故负有全部责任，究其原因一是因为对于路况不熟，急于寻找出口，贪图方便，二是由于一时大意，忙中出错，不仅自己要蒙受经济损失，还给他人和公共安全带来了隐患。

三、法律责任

逆向行驶是严重的主观交通违法行为，不仅干扰和破坏正常的交通秩序，还容易造成交通堵塞，引发交通事故（图 6–9）。逆向行驶的交通违法陋习之所以屡禁不止，主要是由于一些驾驶人交通安全意识淡薄，抱有侥幸心理，为了贪图一时的方便无视交通法规。

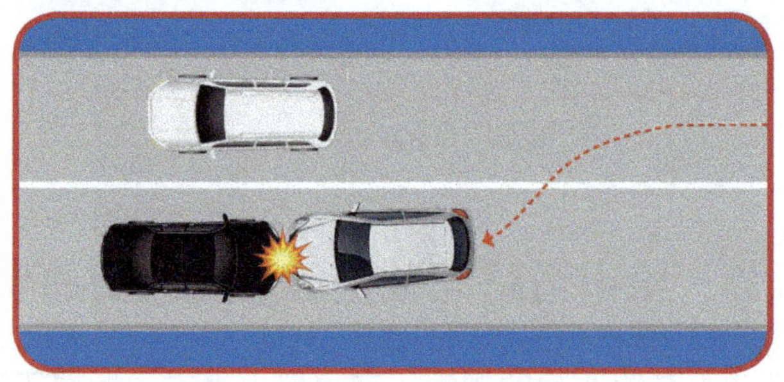

图 6–9　禁止逆行

直接成本：记 3 分 + 罚款 20 元以上 200 元以下。

法律小贴士

①《中华人民共和国道路交通安全法》第三十五条规定。

机动车、非机动车实行右侧通行。

②《中华人民共和国道路交通安全法》第九十条规定。

机动车驾驶人违反道路交通安全法律、法规关于道路通行规定的，处警告或者 20 元以上 200 元以下罚款。本法另有规定的，依照规定处罚。

③《中华人民共和国道路交通安全法实施条例》第八十二条第一款规定。

机动车在高速公路上行驶，不得倒车、逆行、穿越中央分隔带掉头或者在车道内停车。

④《机动车驾驶证申领和使用规定》附件四规定。

机动车驾驶人有下列违法行为之一，一次记3分：

（九）机动车驾驶人驾驶机动车不按规定超车、让行的，或者逆向行驶的。

四、案例警示

驾驶人在城市道路上逆向行驶，有的是因为驾驶人因为图方便想要抄近路，有的是驾驶人对路况不熟，尤其是在城市快速路上错过了出口，索性掉头之后沿着硬路肩逆行回到出口，更有甚者在逆行过程中堂而皇之的开着危险报警闪光灯，要求其他车辆让行。

城市道路人多车多，交通情况复杂，逆向行驶就意味着驾驶人机动车正面撞击其他车辆，会给正常行驶的车辆带来巨大的风险，很有可能因为一辆车的逆行带来连环事故，后果非常严重。

参考文献

[1] 周志强，牛清宁，刘晓晨.机动车驾驶人再教育机理及内容研究[M].北京：人民交通出版社股份有限公司，2016.

[2] 牛清宁，周志强，于鹏程.防御性驾驶理论与实践[M].北京：人民交通出版社股份有限公司，2017.

[3] 公安部交通管理局.中华人民共和国道路交通事故统计年报（2010—2017）[R].公安部交通管理局，2010—2017.

[4] 公安部道路交通安全研究中心.城市道路交通组织管理实用手册[M].北京：人民交通出版社股份有限公司，2017.

[5] 张娟娟.城市交通拥堵的成因及治理问题研究[D].长安大学，2008.

[6] 卢毅,张欢,曾江洪.城市交通拥堵的成因与对策[J].湖南交通科技，2004(03):119-122.

[7] 吴雪梅.影响驾驶安全的心理因素探析[J].重庆文理学院学报，2009(12):185-188.

[8] 心理情绪与安全驾驶[EB/OL].http://www.doc88.com/p-097200958429.html.